INHALT UND GRENZEN DER RECHTE DER GESELLSCHAFTER INSBESONDERE DES STIMMRECHTS IM DEUTSCHEN GESELLSCHAFTSRECHT

unter Berücksichtigung
der Höchstrichterlichen Rechtsprechung

Von
Dr. WERNER KÜSTER
Rechtsanwalt und Notar in Berlin

Berlin 1954
WALTER DE GRUYTER & CO.
vormals G. J. Göschen'sche Verlagsbuchhandlung / J. Guttentag, Verlagsbuchhandlung / Georg Reimer / Karl J. Trübner / Veit & Comp.

Archiv-Nr. 62 00 76
Satz und Druck: Elsnerdruck G. m. b. H., Berlin SW 68

Dem Andenken

an die lebensnahe und Recht schöpfende

Rechtsprechung

des ehemaligen Deutschen Reichsgerichts

und insbesondere

derjenigen seines II. Zivilsenats

VORWORT

Diese Arbeit ist aus der Erfahrung und aus den Einblicken erwachsen, zu denen meine Praxis mir Gelegenheit gegeben hat. Sie ist aber auch angeregt worden durch meine Lehrtätigkeit auf dem Gebiete des Gesellschaftsrechts, zu welcher mir die Juristische Fakultät der Freien Universität Berlin Gelegenheit geboten hat. Es ist mir daher eine selbstverständliche Pflicht, der Juristischen Fakultät der Freien Universität Berlin auch bei dieser Gelegenheit meinen Dank auszusprechen.

Je mehr man sich in die gesellschaftlichen Probleme vertieft, um so mehr wird man mit Ehrfurcht und Dankbarkeit der hervorragenden Arbeit des Deutschen Reichsgerichts und seines II. Zivilsenats gedenken. Mir war es daher eine Ehrenpflicht, diese Studie seinem Andenken zu widmen.

Bei der Sammlung und Sichtung des Materials haben mich mit großem Eifer und regem Interesse die Referendare Herr Horst Bräutigam und Fräulein Margarete Wiggen in Berlin unterstützt. Auch ihnen spreche ich hiermit meinen Dank aus.

Berlin, im November 1953

Werner Küster

I

Die positive gesetzliche Gestaltung des deutschen Gesellschaftsrechts in den vergangenen etwa 100 Jahren hat zu einer immer mehr auf den einzelnen Vorgang abgestellten Regelung der den Gesellschaftern bei den einzelnen Gesellschaftstypen zustehenden Rechte und Pflichten geführt. In der Regel ist es daher nur dem in der Rechtsprechung und wissenschaftlichen Theorie bewanderten Spezialisten noch möglich, Inhalt und Umfang dieser dem einzelnen Gesellschafter zustehenden Rechte und der ihm obliegenden Pflichten festzustellen.

Dem Gesellschafter selbst ist ein auch nur einigermaßen zuverlässiger Überblick über seine gesellschaftliche Rechts- und Pflichtenlage kaum mehr möglich. Die Vielheit seiner Einordnungen in menschliche und wirtschaftliche Gegebenheiten, wie seine Bindung an die verschiedensten gesellschaftlichen und außergesellschaftlichen Interessen, erschweren ihm eine solche zuverlässige Orientierung ohnehin.

Dabei ist gerade für jeden gesellschaftlichen Zusammenschluß eine möglichst zuverlässige und genaue Abgrenzung der dem einzelnen Beteiligten zustehenden Rechte und Pflichten von ganz entscheidender Bedeutung. Der Ablauf des gesellschaftlichen Lebens erfährt — das zeigt die Erfahrung der Praxis immer wieder — seine stärksten Antriebsmomente in der Regel aus dem Interessen- und Meinungsgegensatz der Beteiligten und aus der Verschiedenartigkeit ihrer Einstellung, Auffassung und Beurteilung. Diese Gegensätze vermögen aber nur dann die positive Folge der Leistungssteigerung zu haben, wenn sie zu einem harmonischen Ausgleich gelangen, statt als ständige Quelle der Disharmonie sich lähmend und zersetzend auf das gesamte gesellschaftliche Leben auszuwirken.

Aufgabe des Gesellschaftsrechts ist es also vor allen Dingen, den richtigen, das heißt also den rechtlichen Ablauf dieser Interessengegensätze mit dem Ziel ihres harmonischen Ausgleichs zu gewährleisten.

Eine besondere Bedeutung erhält ein solcher Interessengegensatz und damit die rechtliche Ordnung seines harmonischen Ausgleichs dann, wenn die Träger dieser gegensätzlichen Interessen sich nicht gleichgewichtig gegenüberstehen, wenn also auf der einen Seite dieser Interessengegensätze mit der einen Interessenlage starke oder gar überwiegende rechtliche und wirtschaftliche Macht gepaart ist.

Die klare Abgrenzung der dem einzelnen Gesellschafter zustehenden Rechte und ebenso diejenige seiner Pflichten gewinnt also bei einer solchen unterschiedlichen Macht- und Interessenlage ganz besondere Bedeutung. Jede Unklarheit eröffnet den subjektiven ich-bezogenen Wünschen und Vorstellungen der Beteiligten den weitesten Spielraum. Sie dient also nicht dem richtigen harmonischen Ausgleich der Interessen, sondern sie verleiht diesem naturgewollten und für die lebendige Fortentwicklung des gesellschaftlichen Ablaufs nahezu unerläßlichen Interessen- und Meinungsunterschied häufig eine geradezu tödliche und zerstörende Bedeutung.

Gerade bei einer unterschiedlichen Beteiligungs- und Machtverteilung innerhalb des gesellschaftlichen Gefüges entsteht dann das ungesunde Majoritäts- und Minderheitenproblem, das in wirtschaftlichen Krisenzeiten nicht selten zu einer unerfreulichen Majoritäts- oder Minderheitspsychose führt.

Es ist nicht verwunderlich, daß dieses Problem immer dann auftaucht, wenn schwere wirtschaftliche Krisen die Wirtschaft erschüttert haben und wenn die Schatten ernster wirtschaftlicher Depressionen auf ihr lasten. Ein typisches Beispiel hierfür war die Inflationszeit 1920 bis 1923, wie auch die Nachinflationszeit, in der die ungeheure Kapitalknappheit und die weitgehende Umschichtung nahezu aller Lebensverhältnisse als Folge des verlorenen ersten Weltkrieges in der breiten Masse sichtbar und fühlbar wurde. Ähnlich wirkte sich die wirtschaftliche Depression aus, wie sie in den Jahren 1929 bis 1934 im deutschen Wirtschaftsleben in die Erscheinung trat.

Auch jetzt haben wir die Erfahrung gemacht, daß die ungeheuren Auswirkungen des zweiten Weltkrieges mit der weitgehenden Zerstörung der west- und mitteleuropäischen Wirtschaft besonders in dem deutschen Wirtschaftsgebiet und zeitlich im wesentlichen erst nach der Währungsreform, die ihrerseits praktisch der breiten Masse die Folgen des verlorenen zweiten Weltkrieges erst recht zum Bewußtsein brachte, dieses Problem allenthalben wieder auftauchen ließen. Man muß sich aber darüber im klaren sein, daß aus solchen Anlässen dieses Problem nur besonders deutlich und meistens ausweglos offenbar wird. Derartige Katastrophen bilden also nur den äußeren Anlaß, aus dem heraus sich besonders häufig und besonders heftig ein solcher Interessengegensatz innerhalb der Gesellschaft entwickelt. Solche wirtschaftlichen Ereignisse und vor allen Dingen die sie auslösende oder begleitende Zerstörung eines aufnahmebereiten Kapitalmarktes verschließen den Beteiligten meistens die Möglichkeit, den Austrag dieser Interessengegensätze durch eine kapitalmäßige Ablösung des einen oder anderen Interessengegensatzes zu vermeiden.

Ihr Wesen ist letzten Endes in der Regel darin begründet, daß den Beteiligten die Einsicht in den Ablauf des Vorgangs fehlt, an dem sie handelnd oder leidend beteiligt sind. Mit dieser Einsicht fehlt ihnen auch die Erkenntnis für die Abgrenzung ihrer eigenen Rechte und Pflichten und der ihrer Partner.

Kaum ein anderer Umstand ist geeignet, mit so tiefgehender Wirkung lähmend und zerstörend auf die Initiative und auf die Entschlußmöglichkeiten einer Geschäftsführung einzuwirken, als der in seinem Ablauf nicht rechtlich klar geregelte, also auch nicht übersehbare Zustand eines solchen unversöhnlichen, harmonisch nicht mehr lösbaren Interessengegensatzes zwischen verschiedenen Partnern einer Gesellschaft. Der mit der Behandlung solcher Konflikte Befaßte wird immer wieder die Erfahrung machen, daß derartige Interessengegensätze in der streitigen, insbesondere in der prozeßmäßigen Behandlung durch den Zeitablauf nicht an Gewicht verlieren, sondern daß die durch den Prozeß bedingte „Parteistellung" der Beteiligten in der Regel dazu führt, daß derartige Interessengegensätze sich in unwahrscheinlichem Maße verschärfen und vertiefen. Gerade die Tatsache, daß häufig der Ursprung dieses Interessengegensatzes in einer sachlichen — ich möchte sagen, lebensmäßig wünschbaren — Verschiedenheit der Ansichten zu suchen ist, führt erfahrungsgemäß nicht selten dazu, in dem Betroffenen eine Verletzung des Rechtsgefühls hervorzurufen, die dann nicht nur für seine eigenen Überlegungen und Entschlüsse in dem Sinne bestimmend wird, daß er nicht nur für die Zukunft vorbeugen möchte, sondern daß er seinerseits in allen Vorschlägen und Maßnahmen seiner Partner vor allen Dingen nur eine Absicht zu neuer Kränkung und Verletzung seiner Rechte (oder vermeintlichen Rechte) zu sehen geneigt ist.

Je mehr bei einem solchen Interessengegensatz das wirtschaftliche und rechtliche Machtverhältnis zwischen den Trägern dieser Einzelinteressen verschieden ist, je mehr also die Majoritätsmacht zum entscheidenden Faktor für die Lösung des Gegensatzes wird, um so empfindlicher reagiert in der Regel das Rechtsgefühl des überstimmten Minderheitsgesellschafters [1]).

Wenn man in Betracht zieht, welche geraume Zeit die streitige Durchführung eines solchen Prozesses bis zur Revisionsinstanz erfordert [2]), dann liegt es auf der Hand, daß ein solcher Konflikt geeignet ist, das Schicksal der Gesellschaft und des von ihr betriebenen Unternehmens auf das allerschwerste zu gefährden.

In den Grundzügen ist die Gestaltung der Rechtsformen der Gesellschaften bei den einzelnen Gesellschaftstypen des deutschen Rechts (Offene Handelsgesellschaft, Kommanditgesellschaft, Gesellschaft mit beschränkter Haftung und Aktiengesellschaft) seit vielen Jahrzehnten unverändert geblieben. Auch die neue Regelung des Aktiengesetzes im Jahre 1937 [3]) hat in dieser Beziehung keine wesentliche Veränderung gebracht. Wir sind also in der Lage, an Hand einer ungewöhnlich reichhaltigen Literatur und Rechtsprechung die Entwicklung dieses Problems durch die Jahrzehnte zu verfolgen.

Zwangsläufig war die Auffassung zu den hier interessierenden Fragen von der Einstellung der Zeit zu dem Rechte als solchem maßgebend beeinflußt. Es war daher unausbleiblich, daß die das ausklingende 19. und das beginnende 20. Jahrhundert beherrschende rechtspositivistische Auffassung dazu führte, die einzelnen positiven Gesetzesbestimmungen, ihre Stellung in dem Einzelgesetz und dem aus ihm abgeleiteten Rechtssystem für den einzelnen Gesellschaftstyp, in den Vordergrund der Betrachtung zu setzen.

Diese Einstellung bedingte in mehrfacher Hinsicht von vornherein den Verzicht auf außerordentlich wertvolle Erkenntnismöglichkeiten. Kaum ein anderes Rechtsgebiet ist so wenig vollständig positiv gesetzlich geregelt wie gerade das Gebiet des Gesellschaftsrechts. Man denke nur einmal an die geradezu dürftig anmutende gesetzliche Regelung für

---

[1]) Bismarck hat in einem Brief vom 26. 5. 1847 an seine damalige Braut das Gefühl einer lediglich machtmäßig majorisierten Minderheit unübertroffen zum Ausdruck gebracht: „.... und dann stimmt die Majorität jedesmal, ohne auf einen der gesagten Gründe zu achten, wider Recht und Vernunft ... Ich bin vom Morgen bis zum Abend gallsüchtig über die eigensinnige bösartige Absichtlichkeit, mit der sie (nämlich die Majorität) sich jeden Gründen verschließt ..." „Fürst Bismarcks Briefe an seine Braut und Gattin." Herausgegeben vom Fürsten Herbert Bismarck, 1900, Seite 98.

[2]) Durchschnittlich kann z. Zt. die Dauer für die Durchführung eines solchen Prozesses durch 3 Instanzen auf 2½ bis 3 Jahre veranschlagt werden.

[3]) Gesetz über Aktiengesellschaften und Kommanditgesellschaften auf Aktien vom 30. Januar 1937.

das außerordentlich wichtige Gebiet der Offenen Handelsgesellschaft und der Kommanditgesellschaft. Gerade auf dem Gebiete der Offenen Handelsgesellschaften — vielleicht nicht ganz in dem gleichen Umfange auf dem Gebiet der Kommanditgesellschaften — erhält in weitaus der Mehrzahl der Fälle, sobald die Gesellschaften den Kleinbetrieb übersteigen, das gesellschaftliche Gefüge erst Gestalt und Leben durch umfangreiche und meistens den gesetzlichen Typ stark abwandelnde Verträge. Man denke weiter nur daran, daß das an sich durchaus bewährte G.m.b.H.-Gesetz, das die Rechtsform für einen bedeutenden Teil der Unternehmen liefert, die außerordentlich wichtigen Fragen der Anfechtung von Generalversammlungsbeschlüssen überhaupt nicht regelt!

Diese Grundeinstellung des Rechtspositivismus mit seiner Überbewertung des Gesetzestextes, diese mit allen Fehlern menschlicher Gestaltungsfähigkeit behaftete, zeitbedingte und bis zu einem gewissen Grade zufällige „Fixierung" eines Rechtsgedankens, mußte notwendig das Zurückgreifen, „die Rückerinnerung" auf den dieser Fixierung zugrunde liegenden Rechtsgedanken erschweren. Sie führte ebenso zwangsläufig zu einer vereinzelnden und isolierenden Betrachtungsweise der einzelnen Gesellschaftstypen. Man begab sich also der Möglichkeit, ein und dasselbe Problem, mochte es auch bei den einzelnen verschiedenen Gesellschaftstypen äußerlich abgewandelt auftauchen, als das wesensmäßig gleiche zu erkennen und gerade aus der äußerlich unterschiedlichen Erscheinungsart auf dessen Wesenskern wichtige Rückschlüsse zu ziehen.

Diese Erkenntnis von dem innigen Zusammenhang der einzelnen positiven rechtlichen Regelungen mit der ihnen zugrunde liegenden Rechtsvorstellung und dem aus ihr folgenden rechtlichen Grundgedanken ist gegenüber der, einer solchen positiven gesetzlichen Bestimmung innewohnenden Durchsetzungskraft kaum zu einer Zeit mehr notwendig gewesen, als in der heutigen. Ist doch kaum zu einer Zeit die Erkenntnis der Zusammenhänge, die Zusammenschau der Dinge, so verloren gegangen, wie in der heutigen, wo schon der Ausbildungsgang und erst recht die berufliche Betätigung das Einseitigwerden und das Einseitigsehen, also die spezialistische Betrachtung in unerhörtem Maße begünstigen, wenn nicht gar erzwingen.

Diese Notwendigkeit des „Rückerinnerns" auf die der Einzelregelung vorausgehenden und ihr zugrundeliegenden, aber in der Fülle der positiven Einzelregelungen fast wieder vollständig vergessenen rechtlichen Grundvorstellungen und Grundgedanken wird heute auf allen Gebieten des Rechts anerkannt. Es sei hierfür nur auf einige besonders bezeichnende, zufällig herausgegriffene Beispiele verwiesen.

Diese Gedanke ist — um einmal in die Werkstatt des Gesetzgebers hineinzuleuchten — ausdrücklich in der amtlichen Begründung zu dem dem Bundestag vorliegenden „Entwurf eines Gesetzes gegen Wettbewerbsbeschränkungen“ [4]) ausgesprochen, in der es, um die Wertung von Verstößen gegen dieses Gesetz lediglich als Ordnungswidrigkeiten — statt als echte strafbare Handlungen — zu rechtfertigen, auf Seite 21 ff. heißt:

> *„Weder in der deutschen Öffentlichkeit, noch in den beteiligten Wirtschaftskreisen ist bisher ein lebendiges Gefühl dafür verbreitet, daß wettbewerbsbeschränkende Verträge und Geschäftspraktiken unerlaubt und ethisch verwerflich seien. Das beruht letzthin darauf, daß in der Vergangenheit die allgemeine Einstellung der Öffentlichkeit, des Gesetzgebers und der Gerichte in stärkerem Maße von den Lehren der historischen Schule der Nationalökonomie beeinflußt waren. Es fehlte also (besser gesagt: war verloren gegangen)* [5]*) eine in die Breite dringende Aufklärung über die Grundlagen einer von den Grundsätzen des freien Wettbewerbs beherrschten Wirtschaftsordnung ...“*

Da der rechtliche Grundgedanke von der Notwendigkeit des freien Wettbewerbes in der deutschen Öffentlichkeit der beteiligten Wirtschaftskreise bei dem Gesetzgeber und bei den Gerichten verlorengegangen war, muß nach der Auffassung des Entwurfs in Form der positiven gesetzlichen Regelung die „Rückerinnerung“ an diesen Grundgedanken erfolgen [6]).

Dieses lebendige Fluktuieren zwischen der rechtlichen Grundvorstellung und der aus ihr entwickelten positiven gesetzlichen Regelung,

---

[4]) Entwurf eines Gesetzes gegen Wettbewerbsbeschränkungen nebst Begründung. Verlag des Bundesanzeigers.

[5]) Zusatz des Verfassers.

[6]) Dieser Gedanke des Rückerinnerns an verlorengegangene lebendige Rechtsvorstellungen klingt auch in der interessanten Studie des Berliner Ordinarius v. Lübtow: „Blüte und Verfall der römischen Freiheit“, 1953, an. v. Lübtow führt dort auf Seite 19 folgendes aus: „Es gab eine Zeit, wo wir die Freiheit im gesellschaftlich staatlichen Leben als etwas Selbstverständliches hinnahmen, wo wir sie ebensowenig beachteten wie die Luft, die wir atmeten. Erst als sie uns verlorenging, als sie uns voller Hohn und Spott genommen wurde, lernten wir sie schätzen und *gleichsam neu entdecken*, als Grunddominante der abendländischen Kultur, als unentbehrlichen Bestandteil jeder echten Persönlichkeitsbildung.“

diese innere Abhängigkeit der letzteren von der ersteren kommt — vielleicht unbeabsichtigt — in dem Vorwort des Herausgebers (Konrad Zweigert) zu der 9. Auflage von Gustav Radbruch: „Einführung in die Rechtswissenschaft“ deutlich zum Ausdruck [7]).

Radbruch hatte in seinem durchschossenen Exemplar „Notizen zu einer Neubearbeitung 1945“ hinterlassen. In diesen Notizen heißt es: „Es müßten in einer Zeit völlig fließender Rechtszustände die positivrechtlichen Partien weggelassen, nur die prinzipiellen aufrechterhalten werden.“ Der neue Herausgeber Zweigert fährt nach dieser Wiedergabe dann fort:

> *„... zum anderen haben sich die im Jahre 1945 noch fließenden ‚Rechtszustände‘ mittlerweile so gefestigt, daß es nötig erschien, auch die positiv-rechtlichen Partien beizubehalten und auf den neuesten Stand zu bringen.“*

Gewiß haben seit Ausgang des 19. Jahrhunderts die Dinge einen Wandel erfahren. Insbesondere die schweren Erschütterungen des 1. Weltkrieges und die tiefgreifenden Auswirkungen auf nahezu alle Lebensverhältnisse haben diesen Glauben an die Allmacht des Gesetzgebers erschüttert und den Weg für eine aufgelockerte Betrachtungsweise vorbereitet. Den Ansatzpunkt für eine Anpassung der formalen positiven Regelungen an die grundlegend veränderten Lebensverhältnisse, für die Ausfüllung der Lücken und die Ergänzung des aus dem Gesetz und den Satzungen sich ergebenden Rechts gewährten in immer steigendem Maße die Generalklauseln der §§ 157, 242, 138 und 826 BGB.

Befriedigend ist aber gerade für die Frage der Rechtssicherheit die Verlagerung des Schwergewichts solcher Abgrenzungen und Entscheidungen in die erwähnten Generalklauseln keineswegs. Denn die Entscheidung beruht dann nicht mehr auf den exakt und objektiv feststellbaren und damit auch nachprüfbaren Grundlagen, sondern überwiegend auf subjektiven Wertungen und auf dem Rechtsgefühl. Damit gewinnen subjektive Gefühlsmomente, deren Beeinflussung aus dem Unterbewußtsein doch nur in den seltensten Fällen erkennbar ist, eine ihnen nicht zukommende Bedeutung. Ja, letzten Endes fehlt es dann in Wirklichkeit überhaupt an einer Abgrenzung und Inhaltsbestimmung.

---

[7]) Gustav Radbruch: „Einführung in die Rechtswissenschaft“, 9. Aufl., herausgegeben von Konrad Zweigert, 1952.

Es verlohnt sich daher, einmal den Versuch zu machen, für die den Gesellschaftern bei den einzelnen Gesellschaftstypen zustehenden und meist nur in den Einzelheiten positiv gestalteten Rechte inhaltlich eine klare, exakt faßbare und damit auch exakt nachprüfbare Abgrenzung zu finden, welche eine möglichst weitgehende Beschränkung der Anordnung der Generalklausel gestattet. Es ist weiter verlockend, einmal zu untersuchen, wie diese einzelnen den Gesellschaftern zustehenden Rechte stufenmäßig fortentwickelte und abgewandelte Einzelgestaltungen ursprünglich gesellschaftlicher Grundrechte darstellen.

II

Das Problem der inhaltlichen Abgrenzung der den einzelnen Gesellschaftern zustehenden gesellschaftlichen Rechte setzt begrifflich voraus, daß eine Gestaltung der gesellschaftlichen Belange — sei es im Innenverhältnis zwischen den Gesellschaftern, sei es im Sinne der Bildung einer Willensentschließung der Gesellschaft Dritten gegenüber — zur Lösung eines Meinungs- oder Interessengegensatzes im Wege eines *Mehrheitsbeschlusses* erfolgt.

Die Auflösung eines solchen rechtlichen Erfolges (im Sinne des Verpflichtet- oder Betroffenwerdens) für den nichteinverstandenen, ja für den ausdrücklich widersprechenden Gesellschafter ist durchaus nicht etwas Selbstverständliches. Ist doch innerhalb der Sphäre des Rechtsgeschäfts grundsätzlich das Verpflichtet- oder Betroffenwerden gerade von dem erklärten Einverständniswillen des Berührten abhängig, während das Nichteinverständnis, die erklärte Ablehnung grundsätzlich dieses Betroffen- oder Verpflichtetwerden verhindert.

Es könnte nur äußerlich befriedigen, das Wesen und die Bedeutung dieses aufgezeichneten Unterschiedes aus der Gegenüberstellung der zufällig jetzt in Kraft befindlichen gesetzlichen Bestimmungen herzuleiten und zu begründen. Denn unzweifelhaft stellen die jetzt vorhandenen Gesellschaftstypen eine Erscheinungsform der gesellschaftlichen Assoziationsvorgänge dar, die auf eine längere Entwicklungsreihe zurückblicken. Es ist daher notwendig, um den jetzigen Zustand der Entwicklung in seinem innersten Kern und Wesen zu verstehen, diesen Entwicklungsweg zu durchdenken.

Unzweifelhaft ist die Form der Dauerassoziation (selbst wenn sie vertraglich auf eine bestimmte Zeitdauer beschränkt ist) eine spätere Stufe dieser Entwicklungsreihe, der als Anfangsstufe die gegenständlich und zeitlich auf den Einzelfall beschränkte gesellschaftliche Bindung vorausgeht. Den Ausgangspunkt für den Übergang von dem Einzelrechtsgeschäft zu einer gesellschaftlichen Bindung bildet daher sicherlich in der Sprache unseres heutigen Rechts die auf den einzelnen Fall abgestellte Gelegenheitsgesellschaft. Das zeichnet sich in der heutigen Gesetzestechnik etwa noch durch die Bezugnahme in dem § 105 Abs. 2 HGB auf die Vorschriften des BGB über die Gesellschaft bürgerlichen Rechts ab.

Wir müssen daher für unsere Untersuchung dieser Gesellschaft bürgerlichen Rechts und ihrer Entwicklung nachgehen, weil in ihrem Bereiche erstmalig die Abwandlung der ursprünglich rechtsgeschäftlichen Zustimmungserklärung zu der passiven Beteiligung an einem Mehrheitsbeschluß als Voraussetzung für die rechtliche Verpflichtung und Bindung des abstimmenden oder abstimmungsberechtigten Gesellschafters beginnt.

In diesem Zusammenhang verlohnt, wie so häufig, ein Rückblick auf die einschlägigen Bestimmungen des Preußischen Allgemeinen Landrechts [1]), dessen zum Teil lehrhafte Sprache noch nicht die Abstraktheit der modernen kontinentaleuropäischen Gesetzgebung erreicht, und die daher vielfach die Gründe des Gesetzgebers und damit die der Einzelbestimmung vorausgehende rechtliche Grundvorstellung offenbart. Es heißt

in § 12 II, 17:

> *„wenn es aber auf Verfügungen über die Substanz der gemeinschaftlichen Sache oder der Art ihrer Verwaltung oder Benutzung ankommt: so entscheidet in der Regel die Mehrheit der Stimmen."*

Und in § 13 II, 17:

> *„Der mindere Theil der Miteigenthümer muß sich also am Schlusse der mehreren unterwerfen, oder die Aufhebung der Gemeinschaft fordern."*

Und in § 14 II, 17:

> *„wählt der Widersprechende letzteres: so darf in der Zwischenzeit bis zur vollendeten Auseinandersetzung, wider seinen Willen, keine Veränderung vorgenommen werden."*

---

[1]) Allgemeines Landrecht der Preußischen Staaten 1794.

Und in § 207 II, 17:

> *„Es müssen daher in der Regel die Societätsgeschäfte von sämtlichen Mitgliedern gemeinschaftlich betrieben und vollzogen werden."*

Auf diese Vorschriften „Vom gemeinschaftlichen Eigentum überhaupt" wird in dem 3. Abschnitt „Von Gemeinschaften, welche durch Vertrag entstehen" in § 182 II, 17 verwiesen.

Ausgangspunkt für diese gesetzliche Regelung bildet ganz offensichtlich die Erkenntnis, daß nach der Erfahrung des täglichen Lebens die völlige Übereinstimmung aller Beteiligten keineswegs immer zu erreichen, daß also das Erfordernis allseitiger Zustimmung sämtlicher Beteiligter keineswegs selten zu einer unerwünschten Lähmung des Ablaufs des gesellschaftlichen Lebensvorganges und damit zu einer ungesunden Stagnation des Lebens der Gesellschaft als solche führt.

Diese gesetzliche Regelung offenbart auch völlig eindeutig die beiden möglichen Konsequenzen aus dieser Situation, nämlich

1. die Lösung dieses Interessengegensatzes durch den Mehrheitsbeschluß der Gesellschafter

oder

2. die Auflösung der Gesellschaft.

Der Gesetzgeber des Preußischen Allgemeinen Landrechts erkennt auch wertmäßig den Unterschied dieser beiden Lösungsmöglichkeiten, nämlich einmal den harmonischen Interessenausgleich durch den Mehrheitsbeschluß und damit die Aufrechterhaltung des Gemeinsamen, des durch die Gesellschaftsgründung Geschaffenen, und zum anderen als Folge des Interessengegensatzes die Auflösung der Gesellschaft, also die Zerstörung des Gewordenen.

Wenn das Preußische Allgemeine Landrecht in § 13 II, 17 die harmonische Lösung des Interessengegensatzes von der freiwilligen Unterwerfung unter den Mehrheitsbeschluß der Gesellschafter, also von der Nichtausübung des Rechts, statt dessen die Auflösung der Gesellschaft zu verlangen, abhängig macht, so beruht das offenbar darauf, daß dem Gesetzgeber die Bedeutung der freien Willensentschließung des überstimmten Gesellschafters als Voraussetzung für die diesen Gesellschafter treffende rechtliche Folge lebhaft bewußt ist.

Wir müssen also als eine Anfangsvorstellung der Entwicklung gesellschaftlicher Rechtsgestaltung für unsere Untersuchung festhalten, daß das

Mitwirkungsrecht und die Mitwirkungsnotwendigkeit eines jeden Gesellschafters bei jedem Geschäftsführungsakt in seiner Abwandlung zu seiner — notwendigen — Beteiligung an einem Mehrheitsbeschluß der Gesellschafter grundsätzlich nicht die Aufgabe und den Verzicht auf seine eigenverantwortliche Willensentschließung bedeutet, sondern sogar vielmehr ihre Bedeutung unterstreicht.

Weiter ist die Erkenntnis wichtig, wie und aus welchem Grunde an die Stelle der positiven rechtsgeschäftlichen Mitwirkung als Ersatz die Beteiligung an dem Beschluß und damit das für eine solche Mitwirkung notwendige Stimmrecht des einzelnen Gesellschafters tritt. Dieses Stimmrecht mit der ihm innewohnenden Möglichkeit des Überstimmtwerdens stellt gegenüber der eigenen positiven rechtsgeschäftlichen Mitwirkung an dem betreffenden Geschäftsführungsakt unzweifelhaft eine Einschränkung der rechtlichen Situation des Gesellschafters, eine gewisse Verkümmerung seiner Rechtslage dar.

Diese Einschränkung oder Verkümmerung seiner Rechtslage ist aber nicht willkürlich erfolgt, sondern beruht auf der lebensgesetzlichen Notwendigkeit um der Interessenförderung des Gemeinsamen willens, die mit dieser Interessenförderung unvereinbare völlige Freiheit der rechtsgeschäftlichen Entschließung der an diesem gemeinsamen Interesse beteiligten Einzelnen zu beschränken (nicht aufzuheben). Das an Stelle der rechtsgeschäftlichen positiven Mitwirkungsbefugnis der einzelnen Gesellschafter bei jedem Geschäftsführungsakt diesen eingeräumte Stimmrecht ist also seiner Grundlage und seinem Zwecke nach nicht etwas Abstraktes — etwa vergleichbar einer, völlig in das Belieben eines Gesellschafters gestellten Kündigungsbefugnis —, sondern es trägt die Begrenzung seines Inhalts, seines Umfanges und seiner Richtung genau so in sich, wie das durch den Gesellschaftszweck und den Gesellschaftsvertrag gebundene und begrenzte — ursprünglich notwendige — Mitwirkungsrecht des einzelnen Gesellschafters bei jedem Geschäftsführungsakt, aus dem erst im Wege der Abschwächung und Einschränkung diese Befugnis entstanden ist.

Trotz der grundlegenden Wandlung der allgemeinen Verhältnisse seit dem Erlaß des Preußischen Allgemeinen Landrechts im Jahre 1794 bestand offenbar bei Schaffung des BGB kein zwingendes Lebensbedürfnis, diese Gestaltung der Gesellschaft bürgerlichen Rechts grundlegend zu verändern. Die vorgenommenen Änderungen betreffen im wesentlichen klare begriffliche Unterscheidungen zwischen der Geschäftsführungsbefugnis und der Vertretung der Gesellschaft nach außen [2]). Entwicklungsmäßig deutet sich der Fortschritt in der späteren Stufe der Entwicklungsreihe vor allen Dingen durch eine Reihe positiver Regelungen für den Fall an, daß durch den Gesellschaftsvertrag das Mehrheitsstimmrecht innerhalb der Gesellschaft eingeführt wird.

Entscheidend war für den Gesetzgeber offenbar nicht die Zulässigkeit der Einführung des schon im Preußischen Allgemeinen Landrecht ansatzmäßig vorhandenen Mehrheitsstimmrechts (der „Schluß der mehreren" § 13 II, 17); denn diese Möglichkeit ergab sich ja ohnehin aus dem das Schuldrecht beherrschenden Grundsatz der Vertragsfreiheit. Sondern wichtig und bedeutsam erschien dem Gesetzgeber die für die Einführung des Mehrheitsstimmrechts notwendige — zum Teil sogar zwingend vorgeschriebene — Begrenzung der für die Majorität aus diesem Mehrheitsstimmrecht sich ergebenden gesellschaftlichen Machtstellung.

Es ist interessant, sich einmal im Zusammenhang klarzumachen, welche Abwandlungen bei der Gesellschaft bürgerlichen Rechts des BGB diese ursprüngliche positive Mitwirkungsnotwendigkeit des einzelnen Gesellschafters bei jedem Geschäftsführungsakt erfährt.

1. Bei dem gesetzlichen Normaltyp der Gesellschaft bürgerlichen Rechts — man möchte sagen: bei diesem Anfangstyp der Entwicklungsreihe — hält das BGB an dem Grundsatz fest, daß die Führung der Geschäfte allen Gesellschaftern nur in Gemeinschaft zusteht und daß für jedes Geschäft die Zustimmung aller Gesellschafter erforderlich ist (§ 709 Abs. 1 BGB). Der Zusammenschluß der Einzelnen zu einer Gesellschaft hat also nicht zur Folge, daß nunmehr als Voraussetzung für die Rechtsfolge die rechtsgeschäftliche, positive Mitwirkung der einzelnen Gesellschafter entbehrlich wird, sondern entsprechend der Natur dieses Assoziationsvorganges wandelt sich lediglich die rechtsgeschäftliche Einzelerklärung oder der entsprechende Einzelentschluß zum Handeln

---

[2]) Eine klare Unterscheidung zwischen der Geschäftsführungsbefugnis und der Vertretungsbefugnis im Bereiche der Gesellschaften macht erstmalig der Entwurf eines Reichshandelsgesetzbuches für Deutschland (sogen. Frankfurter Entwurf 1848). — Vergl. Gogos: „Die Geschäftsführung der Offenen Handelsgesellschaft", 1953, S. 2, Anm. 2.

Dem Frankfurter Entwurf folgt das Allgemeine Deutsche Handels-Gesetzbuch (ADHGB) mit den besonderen Abschnitten: „Von dem Rechtsverhalten der Gesellschafter untereinander" und „Von dem Rechtsverhältnis der Gesellschaft zu dritten Personen."

in die Mitwirkung bei dem entsprechenden Beschluß oder dem Entschluß zum Handeln um [3]).

2. Nun beginnt gegenüber dem Entwicklungszustand des Preußischen Allgemeinen Landrechts eine Differenzierung und Weiterfortentwicklung der gesellschaftlichen Gestaltungsmöglichkeiten. Das BGB sieht vor, daß die Flüssigkeit des Geschäftsablaufes durch den Fortfall der Zustimmungsnotwendigkeit aller Gesellschafter zu jedem Geschäftsführungsakt in zweifacher Weise gefährdet werden kann, nämlich:

a) durch die Konzentrierung der Geschäftsführungsbefugnis auf einen oder mehrere Gesellschafter, also durch den Ausschluß eines oder mehrerer Gesellschafter von der Geschäftsführungsbefugnis;

oder

b) durch die Ersetzung der positiven Mitwirkungsnotwendigkeit aller Gesellschafter bei jedem Akt der Geschäftsführung durch den Mehrheitsbeschluß aller zur Geschäftsführung berechtigten Gesellschafter.

Diese beiden vorgesehenen Möglichkeiten enthalten, auf ihre Eigenart abgestellt, in verschiedener Weise die Einschränkung oder Minderung der nach der rechtlichen Grundvorstellung dem einzelnen Gesellschafter hinsichtlich der Geschäftsführung zustehenden Berechtigung.

Gleichgültig, ob sich diese ursprüngliche Vollberechtigung zur Geschäftsführung abwandelt in das Stimmrecht im Rahmen eines Mehrheitsbeschlusses oder in ein Widerspruchsrecht eines zur alleinigen Geschäftsführung berechtigten Gesellschafters gegenüber einem anderen auch zur alleinigen Geschäftsführung berechtigten Gesellschafter, immer muß diese Einschränkung oder Verkümmerung ein Lebensbedürfnis nach Schutz gegenüber einem Mißbrauch der in der Person eines oder mehrerer Gesellschafter gesteigerten und gestärkten Geschäftsführungsbefugnis wachrufen. Das hat der Gesetzgeber des BGB nicht verkannt.

3. Betrachten wir zunächst die zu 2a gekennzeichnete Regelung der Konzentrierung der Geschäftsführungsbefugnis auf einen oder mehrere Gesellschafter. Sie ist in § 710 BGB als zulässig vorgesehen. Ihr Wesen beruht darin, daß ein oder mehrere Gesellschafter sich freiwillig der Mitwirkungsmöglichkeit und Mitwirkungsnotwendigkeit für die Geschäftsführungsakte entäußern, welche dem Grundsatz nach von der

---

[3]) Auf die Rechtsnatur dieses Beschlusses wird noch später einzugehen sein. Hier interessiert nur die Umwandlung oder besser die Entwicklung von der Einzelerklärung zu dem gemeinschaftlichen Beschluß.

Rechtsordnung als Voraussetzung für das Verpflichtet- oder Betroffenwerden vorgesehen ist. Daß diese Möglichkeit vorgesehen ist, verwundert nicht, denn jedermann ist ja ohnehin in der Lage, diese als Voraussetzung für die gekennzeichneten Folgen notwendige *eigene* Mitwirkung aus sich heraus in die Person eines Bevollmächtigten zu verlagern. Genau wie bei den Bevollmächtigungsverhältnissen durch Entziehung der Vollmacht endet die Ersetzung dieser eigenen Mitwirkungsfunktion durch diejenige eines Dritten bzw. diese Verlagerung dieser Geschäftsführungsfunktion auf einen anderen Gesellschafter mit der Entziehung dieser Geschäftsführungsfunktion. Grundsätzlich ist diese Bindung der Verlagerung dieser Geschäftsführungsfunktion dem freien Belieben desjenigen überlassen, der seine Geschäftsführungsfunktion aufgibt. Diese freie Bindungsmöglichkeit wird vom Gesetz nur für den Fall eingeschränkt, daß ein wichtiger Grund für die Entziehung vorliegt (§ 712 BGB).

Hier zeigt sich wieder ganz deutlich der Zusammenhang. Die Aufgabe der Berechtigung zur Geschäftsführung auf seiten eines oder mehrerer Gesellschafter einerseits, und die Konzentrierung dieser Geschäftsführungsbefugnis in der Person eines oder mehrerer anderer Gesellschafter andererseits hat nun eine Reihe sehr starker Bindungen oder Verkümmerungen der Befugnis der von der Geschäftsführung ausgeschlossenen Gesellschafter zur Folge, nicht aber deren völligen oder endgültigen Untergang; sie bleibt ihm in Gestalt seines Mitwirkungsrechts bei der Entziehung dieser Befugnis aus wichtigem Grunde erhalten (§ 712 BGB).

Die Feststellung dieses Zusammenhangs, also die Erkenntnis, daß diese Entziehungsbefugnis hinsichtlich der Geschäftsführungsberechtigung nur eine Abwandlung, ein eingeengter und verkümmerter Restbestandsteil der ursprünglichen gesellschaftlichen Mitwirkungsfunktion bildet, ist wichtig, weil sich daraus die selbstverständliche Konsequenz ergibt, daß dem Gesellschafter auch diese Entziehungsfunktion nur innerhalb derjenigen Bindung zusteht, die der Gesellschaftsvertrag ihm für seine — ursprüngliche — Gesellschaftsfunktion verleiht.

Daß diese Entziehungsfunktion dem Gesellschafter nicht für sich allein sondern nur im Zusammenwirken mit den restlichen Gesellschaftern — je nach der Konstruktion der Gesellschaft — im Wege des einstimmigen oder Mehrheitsbeschlusses zusteht, ergibt sich zwangsläufig eben aus dem Zusammenschluß der Gesellschafter, aus der Verlagerung des Rechtsverhältnisses aus der Sphäre des Einzelgeschäfts in ein solches gesamtrechtlicher Natur.

4. Dem entspricht die rechtliche Situation, wenn zwischen mehreren, jeweils zur alleinigen Geschäftsführung berechtigten Gesellschaftern über einen Akt der Geschäftsführung ein Meinungs- oder Interessenwiderstreit auftaucht.

Gleichgültig, ob der Kreis dieser jeweils zur alleinigen Geschäftsführung berechtigten Gesellschafter mit der Vollzahl der Gesellschafter übereinstimmt, oder ob die Geschäftsführungsbefugnis auf einen Teil dieser Gesellschafter in der geschilderten Weise konzentriert ist, immer handelt es sich bei den einzelnen Akten um echte Geschäftsführungsakte, wie sie aus der gesellschaftsrechtlichen Beteiligung aller Gesellschafter, also auch der von der Geschäftsführung ausgeschlossenen, deren Funktion insoweit gebunden oder verkümmert ist, erwächst.

Es ist daher eine dem grundlegenden Aufbau der gesellschaftlichen Natur entsprechende und aus der grundsätzlichen Mirwirkungsnotwendigkeit aller Gesellschafter bei jedem Geschäftsführungsakt sich ergebende Konsequenz, daß eine solche Diskrepanz zwischen mehreren zur alleinigen Geschäftsführung berechtigten Gesellschaftern ein zur Verhinderung des einzelnen Geschäftsführungsaktes führende Widerspruchsrecht des nichteinverstandenen, aber zur Geschäftsführung gleichfalls berechtigten Gesellschafters auslöst, es sei denn, daß die Satzung auch innerhalb dieses Gremiums die Lösung dieses Widerstreites in anderer Weise, z. B. im Sinne des Mehrheitsbeschlusses dieser geschäftsführenden Gesellschafter, vorsieht (§ 711 BGB) [4]).

Wichtig für unsere Untersuchung ist wiederum dieser innere Zusammenhang, die Ableitung des einen aus dem anderen, zwischen der aus der gesellschaftlichen Beteiligung begründeten Geschäftsführungsbefugnis einerseits und dem aus ihr entstandenen Widerspruchsrechte im Sinne des § 711 BGB andererseits. Aus der Natur der Sache, aus der den einzelnen positiven Regelungen zugrundeliegenden rechtlichen Grundvorstellung ergibt sich daher für die Ausübung des Widerspruchsrechts gemäß § 711 BGB die durch die ursprüngliche und durch den Gesellschaftszweck und Gesellschaftsvertrag gegebene inhaltliche Bindung und Begrenzung dieser Form der Geschäftsführungsbefugnis.

---

[4]) Ein anderer Weg der Lösung solcher Meinungsverschiedenheiten — der ohne weiteres auch für die Gesellschaft bürgerlichen Rechts durch Vertrag einführbar ist — sieht § 70 Abs. 2 des Aktiengesetzes vor, nämlich die Entscheidungsbefugnis eines einzelnen, des Vorsitzenden des Vorstandes bei Meinungsverschiedenheiten zwischen den Vorstandsmitgliedern.

5. Daß die Entziehung der Vertretungsmacht im § 715 BGB parallel zu der Entziehung der Geschäftsführungsbefugnis, also nach den Grundsätzen des § 712 BGB gestaltet ist, ergibt sich zwingend aus der Parallelität dieser beiden Funktionen, die nur im Interesse begrifflicher Klarheit seit Mitte des vorigen Jahrhunderts im Bereiche des Deutschen Rechts voneinander geschieden werden [5]).

1. die Mitwirkung bei der Entziehung der Befugnis zur Geschäftsführung (§ 712 BGB);
2. die Mitwirkung bei der Entziehung der Vertretung der Gesellschaft (§ 715 BGB);
3. das Widerspruchsrecht der mit zur Geschäftsführung befugten Gesellschafter gegenüber Geschäftsführungsakten eines auch zur alleinigen Geschäftsführung berechtigten Gesellschafters (§ 711 BGB);

Zusammenfassend läßt sich feststellen, daß alle diese Funktionen:

nicht nur ihren Ursprung in der ursprünglichen Geschäftsführungsbefugnis jedes Gesellschafters haben, sondern jeweils nur in ihrer äußerlichen Erscheinungsform oder in ihrer äußerlichen Gestaltung verschieden in die Erscheinung tretende Auswirkungen dieser ursprünglichen Geschäftsführungsbefugnis sind. Keine dieser Funktionen stellen eine abstrakte, dem willkürlichen, insbesondere eigensüchtigen Belieben des Gesellschafters anvertrauten Berechtigung dar. Sie alle sind ihrer Natur und ihrem Wesen nach inhaltlich durch den Rahmen bestimmt und begrenzt, innerhalb dessen die ursprüngliche Geschäftsführungsbefugnis aller Gesellschafter durch den Gesellschaftszweck und den Gesellschaftsvertrag gebunden und richtungsmäßig beschränkt war.

III

In dem vorhergehenden Kapitel beschränkte sich die Untersuchung auf die Frage, welche Abwandlungen die ursprüngliche, aus der Beteiligung bei der Gesellschaft bürgerlichen Rechts sich ergebende Mitwirkungsnotwendigkeit und Mitwirkungsberechtigung im Zuge der gesellschaftlichen Gestaltung und Entwicklung erfährt. Die Gesellschaft bür-

[5]) Vergl.: Gogos a. a. Q., S. 2, Anm. 2.

gerlichen Rechts ist im Aufbau des jetzt geltenden positiven Rechts der Assoziationsmöglichkeiten aber nur die eine Ausgangsform oder Grundlage des Gesellschaftsrechts. Ihre Gestaltungen bestimmen nur den Charakter eines Teiles der weiter ausgebildeten Gesellschaftsformen, nämlich derjenigen, bei denen die persönliche Verbundenheit der Gesellschafter untereinander und mit der Gesellschaft einen charakteristischen Wesenszug dieser Assoziationsform bildet, also für die Offene Handelsgesellschaft und die Kommanditgesellschaft (wie übrigens auch für die hier nicht behandelte Stille Gesellschaft).

Dagegen wird der Charakter der sogenannten Kapitalsgesellschaften (Aktiengesellschaft und Gesellschaft mit beschränkter Haftung), bei denen der Gedanke der persönlichen Verbundenheit der Mitglieder gegenüber einer kapitalsmäßigen Beteiligung und Bindung wesentlich zurücktritt, durch ihre körperschaftliche, verbandsmäßige Organisation bestimmt. Diese Art der Organisationen der Kapitalgesellschaften beruht auf den Grundsätzen des Vereinsrechts.

Zwischen diesen beiden Grundtypen der Gesellschaften, der Gesellschaft bürgerlichen Rechts und des Vereins, versucht das BGB konstruktiv und durch Einordnung in das System des Gesetzes begrifflich einen schärferen Trennstrich zu ziehen. Sachlich ist diese scharfe Unterscheidung wenig begründet, denn das Gemeinsame, die einheitliche rechtliche Grundvorstellung, aus der die Einzelheiten der Gestaltung entwickelt sind, überwiegt bedeutungsmäßig ganz zweifellos.

Es ist sehr bezeichnend, daß das ausländische Recht, besonders dasjenige des romanischen Rechtskreises, in der wissenschaftlichen Theorie gerade das Gemeinsame dieser beiden Typen betont und einheitliche begriffliche Bestimmungen unter den Oberbegriff der Gesellschaft im weiteren Sinne zu entwickeln bemüht ist [1]).

Diese, das Trennende der beiden Typen im Vordergrund sehende Betrachtungsweise scheint aber nur zeit- und standpunktbedingt zu sein, denn in der neueren Zeit hat sich auch innerhalb der deutschen Wissenschaft mehr und mehr der Gedanke durchgesetzt, daß die wesensmäßige Gleichartigkeit beider Typen in ihren rechtlichen Grundlagen und „Vorstufen" das eigentlich wesentliche und bestimmende ist [2]).

---

[1]) Vgl. Wieland, Handelsrecht Bd. I S. 400 ff. und Lehmann, Handelsrecht Bd. II Gesellschaftsrecht, S. 4.

[2]) Vgl. Heinrich Lehmann a. a. Q., S. 4. Urteil des V. Strafsenats des BGH vom 7. 5. 1953 in NJW 1953, S. 1273.

Diese Einstellung entspricht auch der allgemeinen Entwicklung der rechtlichen Betrachtungsweise seit der Abkehr von dem absoluten Rechtspositivismus. Die eingeschränkte Bedeutung einer positiven gesetzlichen Norm, die Erkenntnis, daß eine solche nicht nur als typisches, häufig auch politisch bestimmtes und darum mit allen Fehlerquellen menschlicher Leistung vorbelastetes Leistungserzeugnis erkennbar geworden ist, und weiter die Tatsache, daß wir heute mehr als zur Zeit des absoluten Rechtspositivismus uns bewußt sind, daß eine solche positive Norm mit ihrem gesetzlich gestalteten Geltungs- und Verwirklichungsanspruch keineswegs voraussetzungslos existiert, sondern ganz im Gegenteil ihrem Inhalte und ihrer Geltungswirkung nach nicht zuletzt durch diese rechtlichen Grundvorstellungen und Voraussetzungen bestimmt wird, zwingt ja ohnehin dazu, diese rechtlichen Grundvorstellungen und Voraussetzungen in eine solche Wertung entscheidend mit einzubeziehen.

Für dieses hier behandelte Problem ist die Untersuchung der wesensmäßigen Gleichartigkeit oder der Unterschiedlichkeit dieser beiden Assoziationstypen auf der Basis gesellschaftsmäßiger oder verbandsmäßiger Organisation von wesentlicher Bedeutung, weil nur unter der Voraussetzung der grundsätzlichen Wesensgleichartigkeit beider und ihrer rechtlichen Grundvorstellungen die Entwicklung einheitlicher Grundsätze für die Abgrenzung der gesellschaftlichen Berechtigung der einzelnen Mitglieder — gerade auch für das Verhältnis zwischen Majorität und Minorität — bei den personalrechtlichen Gesellschaften (Offene Handelsgesellschaft und Kommanditgesellschaft) einerseits und bei den Kapitalgesellschaften (Aktiengesellschaft und Gesellschaft mit beschränkter Haftung) andererseits zulässig sein kann.

Diese Gleichartigkeit dieser beiden Grundtypen in ihren rechtlichen Grundvorstellungen und Voraussetzungen ergibt sich aus dem äußeren Schaubild ihrer heutigen positiv-rechtlichen Gestaltung nicht ohne weiteres. Im Gegenteil scheint ihre äußere Einzelgestaltung eher einen grundlegenden Wesensunterschied anzudeuten. So wird im Vereinsrecht des BGB z. B. eine eigentliche Geschäftsführungsbefugnis des Mitgliedes überhaupt nicht erwähnt. Der Verein (ganz ausgesprochen gilt dieses für den rechtsfähigen Verein) unterscheidet sich von der Gesellschaft bürgerlichen Rechts ja auch ausgesprochen dadurch, daß er nicht mehr eine eben nur gesellschaftliche Gebundenheit der Gesellschafter, sondern sichtbar etwas Neues, etwas Drittes — eben die juristische Person — zur Entstehung bringt.

Wenn wir bei der folgenden Betrachtung diesen rechtsfähigen Verein als die bedeutendste und am weitesten entwickelte Gestaltung vereinsrechtlicher Art in den Mittelpunkt stellen, dann ist für die volle Mitwirkungsnotwendigkeit der Mitglieder als grundsätzliche Voraussetzung für die Rechtsfolge des Betroffenwerdens der Beteiligten kein Raum mehr, weil es sich unmittelbar nicht mehr um das Rechtsschicksal dieser „Beteiligten", sondern nur um ein Betroffenwerden eines Dritten, dieser aus dem Zusammenschluß der Beteiligten entstandenen juristischen Person handelt.

Notwendig muß infolge dieser neuen Richtung dieses Verpflichtet- und Betroffenwerdens auf diese juristische Person sich aus der ursprünglichen gesellschaftlichen Mitwirkungsnotwendigkeit der Beteiligten bei dem Geschäftsführungsakt oder bei der Vertretung einem Dritten gegenüber sich entsprechend eine Mitwirkungsnotwendigkeit und -berechtigung der Beteiligten bei dem Willensbildungsvorgang dieser juristischen Person entwickeln. Diese letzte Mitwirkungsnotwendigkeit bei der Willensbildung des Vereins ist also nur eine Einschränkung und Abwandlung der ursprünglichen Geschäftsführungsbefugnis und nicht etwas in den rechtlichen Grundvoraussetzungen von ihr Verschiedenes.

Sie erklärt sich zwangsläufig aus der unterschiedlichen Gestaltung der Richtung des Betroffenwerdens bei dem Mitglied einer Gesellschaft bürgerlichen Rechts und einem solchen eines rechtsfähigen Vereins.

Dasjenige, was bei der Gesellschaft bürgerlichen Rechts von der Geschäftsführungsbefugnis der Gesellschafter umfaßt wird, vertraut § 32 BGB hinsichtlich der aus dem Zusammenschluß der Mitglieder entstandenen juristischen Person in Gestalt der „Besorgung der Angelegenheiten des Vereins"

entweder a) der Besorgung durch den Vorstand
oder b) der Beschlußfassung der Vereinsversammlung

an.

Soweit diese Gestaltung der Vereinsangelegenheiten durch die Vereinsversammlung selbst erfolgt, ergibt sich die Innigkeit, ja nahezu die Unmittelbarkeit der Mitwirkungsbefugnis der Beteiligten aus ihrer Teilnahme an der Vereinsversammlung, wie durch die Ausübung ihres Stimmrechtes von selbst. Die Lösung der persönlichen Verbundenheit der an einem Verein Beteiligten im Gegensatz zu dieser persönlichen Verbundenheit der Beteiligten bei einer Gesellschaft bürgerlichen Rechts wirkt sich erkennbar dadurch aus, daß an die Stelle der grundsätzlichen Mitwirkungs*notwendigkeit* aller Gesellschafter der Gesellschaft bürgerlichen Rechts die Mitwirkungs*möglichkeit* der Vereinsmitglieder in der Vereinsversammlung tritt. Eine dem § 709 BGB vergleichbare Bestimmung fehlt daher mit Recht in den Vorschriften des Vereinsrechts.

Diese dem Wesen und dem Kern nach bestehende innere Gleichartigkeit zwischen der Geschäftsführungsbefugnis der Gesellschafter einer Gesellschaft bürgerlichen Rechts und der Mitwirkungsmöglichkeit der Vereinsmitglieder bei der „Besorgung der Vereinsangelegenheiten" — eben nur abgewandelt durch die Richtung der Rechtsfolge — zeichnet sich selbst dann noch erkennbar ab, wenn diese Besorgung der Vereinsangelegenheiten nicht unmittelbar durch die Vereinsversammlung, sondern von dem durch die Vereinsversammlung gewählten Vorstand erfolgt. Es ist nicht nur typisch, daß diese Besorgung der Vereinsangelegenheiten einmal durch den Vorstand und zum anderen durch die Vereinsversammlung in ein und demselben Satz des Absatzes 1 des § 32 BGB behandelt wird, sondern die Unmittelbarkeit des Zusammenhanges wird — anders als bei der Parallelgestaltung der Gesellschaft bürgerlichen Rechts — dadurch betont, daß die Bestellung der Vorstandsmitglieder und ihre Abberufung durch die Vereinsversammlung erfolgt und daß die Abberufung jederzeit auch ohne Vorliegen eines wichtigen Grundes erfolgen kann (§ 27 Abs. 2 BGB).

Wenn man die Grundtypen der Gesellschaft bürgerlichen Rechts und des Vereins nach Entwicklungsstufen einander gegenüberstellen und sie nach diesen Stufen unterscheiden will, so zeigt sich ganz deutlich ein entwicklungsmäßiger Unterschied, gewissermaßen ihr verschiedener Reifegrad. Während die Gesellschaft bürgerlichen Rechts sich in der gemeinsamen Bindung der Gesellschafter erschöpft, hat der Zusammenschluß der Beteiligten zu einem rechtsfähigen Verein die Entstehung eines Dritten, nämlich der juristischen Person und damit die Entwicklungsnotwendigkeit von Organen für diese zur Folge. Diese Organe: „Vorstand und Vereinsversammlung" bedingen zwangsläufig die Abwandlung der ursprünglichen Mitwirkungs*notwendigkeit* aller an dem Zusammenschluß Beteiligten in die unmittelbare Mitwirkungsberechtigung dieser Beteiligten bei der Gestaltung der Vereinsangelegenheiten durch Beteiligung an Vereinsversammlungen und bei der Wahl und der Abberufung der Vorstandsmitglieder. Es handelt sich bei dieser Veränderung der ursprünglichen Mitwirkungsnotwendigkeit aller Beteiligten eben nur um eine Abwandlung der „ursprünglichen Berechtigung" und bei dieser Gestaltung nicht um etwas Neues und von der „ursprünglichen Berechtigung" wesensmäßig Verschiedenes.

Daraus ergibt sich als zwingende Folgerung, daß dieses Stimmrecht der Vereinsmitglieder in der Vereinsversammlung, in welcher sich ihre Mitwirkungsberechtigung bei der unmittelbaren Gestaltung der Vereinsangelegenheiten ebenso auswirkt und konzentriert, wie bei der mittelbaren Gestaltung der Vereinsangelegenheiten durch Wahl oder Abberufung der Vorstandsmitglieder, nicht ihrem freien Belieben, ihrer freien Willkür anvertraut ist, wie das beispielsweise hinsichtlich der Möglichkeit zur Lösung der Mitgliedschaft durch Kündigung der Fall ist. Vielmehr ist dieser, durch die Stimmabgabe nach außen sichtbar werdende Willensentschluß des einzelnen Vereinsmitgliedes durch die Natur dieser aus der ursprünglichen Mitwirkungsnotwendigkeit erwachsenen Mitwirkungsberechtigung hinsichtlich seines Inhalts und seiner Richtung durch die in dem Vereinszweck und seiner satzungsmäßigen Ausgestaltung bestimmt und gebunden. Dieses Stimmrecht des Vereinsmitgliedes ist also nicht etwas Abstraktes, etwas was um seiner selbst willen und losgelöst von den durch den vereinsmäßigen Zusammenschluß entstandenen Bindungen existiert. Auch dieses Stimmrecht ist vielmehr um der Förderung der Vereinsbelange als Voraussetzung für die Möglichkeit einer Willensbildung innerhalb dieses Vereins aus der „ursprünglichen“ Geschäftsführungsbefugnis entwickelt, und um des *Vereines willen* dem Vereinsmitglied, und nicht etwa um seiner eigensüchtigen, außerhalb der Vereinssphäre existierenden Interessen anvertraut [3]).

Daraus ergibt sich für die Gesellschaft bürgerlichen Rechts und für den Verein die Einheitlichkeit der grundlegenden, grundsätzlichen und den positiven Einzelgestaltungen zugrundeliegenden Rechtsvorstellungen und damit auch die wesensmäßige Identität der einzelnen rechtlichen Gestaltungen für die Mitwirkung der Beteiligten, gleichgültig, ob sie uns in der positiv gesetzlichen Regelung der Gesellschaft bürgerlichen Rechts äußerlich in der Form der Geschäftsführungsbefugnis (§ 709 BGB), in dem Recht zur Entziehung dieser Befugnis und derjenigen zur Vertretung (§§ 712 und 715 BGB), oder in Gestalt des Widerspruchsrechts (§ 711 BGB), oder bei dem Verein in dem Stimmrecht der Mitglieder bei der Beschlußfassung in der Vereinsversammlung über die Besorgung der Vereinsangelegenheiten (§ 32 BGB), oder bei der Ausübung des Stimmrechts anläßlich der Bestellung oder Abberufung eines Vorstandes (§ 27 BGB) äußerlich unterschiedlich gestaltet entgegentritt.

---

[3]) Vgl. Rudolf Müller-Erzbach: „Das Private Recht der Mitgliedschaft als Prüfstein eines kausalen Rechtsdenkens“, 1948, S. 210.

IV

Untersuchen wir nun, welche Abwandlungen diese gesellschaftlichen Mitwirkungsrechte bei den Personengesellschaften erfahren haben.

1. *Die Offene Handelsgesellschaft.* Der innige Zusammenhang und die Wesensverwandtschaft zwischen der Gesellschaft bürgerlichen Rechts einerseits und der Offenen Handelsgesellschaft andererseits ergibt sich nicht nur positiv rechtlich durch den Absatz II des § 105 HGB, durch den die ergänzende Anwendung der Vorschriften des BGB über die Gesellschaft ausdrücklich angeordnet worden ist [1]). Dieser wesensmäßige Zusammenhang und ebenso die unterschiedliche Einzelregelung dieser beiden Assoziationsformen ergibt sich zwangsläufig aus der diesen beiden Gesellschaftstypen gestellten unterschiedliche Aufgabe. Sie sind, stufenmäßig betrachtet, zwei verschiedene Entwicklungs- oder Ausdrucksformen ein und desselben Grundgedankens. Bei beiden Assoziationsvorgängen ist der Zusammenschlußgedanke soweit vorgetrieben, aber auch soweit begrenzt, daß eine Zusammenschlußfolge der Gesellschaft in Gestalt einer gemeinsamen Vermögensbildung der Gesellschafter in Form des Gesamthandvermögens stattfindet. Es findet also gegenüber der grundsätzlichen Selbständigkeit jedes Einzelrechtssubjekts und gemäß der dinglichen Zuordnung jeder Sache (Vermögensgegenstand) zu einem bestimmten Rechtssubjekt infolge dieses Zusammenschlußvorganges über eine schuldrechtliche Verpflichtung hinaus eine Abwandlung statt. Diese Abwandlung und Neubildung in Gestalt des Gesamthandvermögens ist aber gegenüber den parallelen Vorgängen bei den Kapitalgesellschaften insoweit begrenzt, als sie nur zur Bildung dieses Gesamthandvermögens dieser durch den Gesellschaftsvertrag miteinander verbundenen Gesellschafter führt, nicht aber darüber hinaus, wie bei den Kapitalgesellschaften, zur Entstehung von etwas Drittem, einem neuen, selbständigen Träger dieses Vermögens, der juristischen Person.

Genau wie bei den Gesellschaften bürgerlichen Rechts tauchen daher bei der Offenen Handelsgesellschaft alle Probleme auf, die sich aus der ursprünglichen Notwendigkeit eigener und selbständiger rechtsgeschäftlicher Gebarung als Voraussetzung für den Eintritt der Änderung, insbesondere im Sinne der rechtsgeschäftlichen Folge ergeben, wie wir sie als Ergebnis des Zusammenschlußvorgangs abgewandelt als Mit-

---

[1]) § 105 Abs. 2 HGB: Auf die OHG finden, soweit nicht in diesem Abschnitt ein anderes vorgeschrieben ist, die Vorschriften des BGB über die Gesellschaft Anwendung.

wirkungsmöglichkeit und -notwendigkeit bei der Gesellschaft bürgerlichen Rechts erkannt hatten. Die unterschiedliche Gestaltung der Regelung bei beiden Gesellschaftstypen ergibt sich aus ihrem Zweck und der verschiedenen Interessenlage der Beteiligten.

Bei der Gesellschaft bürgerlichen Rechts steht im Vordergrund des Interesses das Einzelgeschäft, „der gemeinsame Zweck", zu dessen Förderung sich die Parteien im Sinne des § 705 BGB zusammengeschlossen haben. An Stelle dieses auf den Einzelvorgang abgestellten Zwecks tritt bei der Offenen Handelsgesellschaft als Zielsetzung: der Betrieb eines Handelsgewerbes unter gemeinschaftlicher Firma (§ 105 HGB). Der Unterschied gerade dieser Zielsetzung ist von entscheidender Bedeutung. Bei der Gesellschaft bürgerlichen Rechts konnte wegen der Abstellung auf den Einzelvorgang und wegen der Beschränkung der sich daraus ergebenden Folgen der Gedanke der Mitwirkungs*notwendigkeit* aller Gesellschafter bei jedem Geschäftsvorgang, und zwar in dem Sinne der *positiven* Mitwirkung der Gesamtheit der Gesellschafter grundsätzlich aufrechterhalten werden (für jedes Geschäft ist die Zustimmung aller Gesellschafter erforderlich — § 709 BGB —).

Der Zusammenschluß zur Gesellschaft hat also an die Stelle der einzelnen Willensentschließung nur zu der Notwendigkeit der gemeinschaftlichen Willensentschließung sämtlicher beteiligten Gesellschafter geführt.

Wir hatten uns klargemacht, welche Folge sich aus der Notwendigkeit dieser gemeinschaftlichen positiven Mitwirkungsnotwendigkeit aller Gesellschafter ergeben kann. Es ist dies die Lähmung und Hemmung der Geschäftsführung immer dann, wenn die Interessen- und Meinungsgegensätze der Beteiligten nicht im Sinne einer Einigung auszugleichen sind. Diese Folge der Lähmung und Hemmung der Geschäftsführung mit der weiteren Folge der Beendigung der Gemeinsamkeit bei Nichtüberwindung dieses Gegensatzes — also die Aufrechterhaltung des Grundsatzes einer eigenen positiven rechtsgeschäftlichen Mitwirkungsnotwendigkeit aller Gesellschafter als Voraussetzung für den Eintritt der Rechtsfolge — war tragbar, solange sich der Zusammenschlußvorgang auf den Einzelvorgang, auf ein einzelnes Geschäft beschränkte.

Unerträglich mußte aber eine solche Lähmungsmöglichkeit in dem Augenblick werden, wo die Zielrichtung eines solchen Zusammenschlusses nicht mehr auf den Einzelvorgang und ein Einzelgeschäft, sondern auf den Betrieb eines Handelsgewerbes (§ 105 Abs. 1 HGB) abgestellt war.

Mit diesem veränderten Zweck überwog sofort der Gedanke nach Aufrechterhaltung dieses lebenden Geschäfts alle anderen Überlegungen. Die natürliche Tendenz nach Aufrechterhaltung des durch den Zusammenschluß geschaffenen Unternehmens und das natürliche Bedürfnis, diesem aus dem Zusammenschluß geschaffenen Unternehmen eine möglichst hemmungsfreie Weiterentwicklung zu sichern, kennzeichnen den Typenunterschied zwischen der Offenen Handelsgesellschaft einerseits und der Gesellschaft bürgerlichen Rechts andererseits. Sie erzwang auch notwendig eine entsprechende Abwandlung der ursprünglichen Mitwirkungsbefugnis.

Die ursprüngliche Mitwirkungsnotwendigkeit aller Gesellschafter bei jedem Geschäftsvorgang (§ 705 BGB) wandelte sich in die grundsätzliche Befugnis jedes Gesellschafters zur alleinigen Geschäftsführung ab (§ 115 Abs. I HGB). Dieser Grundsatz, der betont das Recht der Geschäftsführung bei der Offenen Handelsgesellschaft beherrscht, erfährt nur zwei und in ihrer Wirkung das Innenverhältnis der Gesellschafter untereinander betreffende Einschränkungen, die die Vertretung Dritten gegenüber (§ 125 HGB) nicht berühren. Es sind dies das Widerspruchsrecht des § 115 HGB und die Beschlußnotwendigkeit des § 116 HGB.

Beide sind ihrer Natur nach, trotz ihrer äußerlich unterschiedlichen Erscheinungsform, deutlich als verkümmerte Reste der ursprünglichen Mitwirkungsnotwendigkeit aller Gesellschafter für jeden Geschäftsführungsakt bei der Vorstufe der Gesellschaftsassoziation erkennbar, wie sie unserem Recht noch in der Bestimmung des § 709 BGB erhalten geblieben sind.

Diese verkümmerte Mitwirkungsnotwendigkeit tritt uns absolut zwingend als Voraussetzung für die Rechtmäßigkeit des Geschäftsführungsaktes (nicht für die Vertretung nach außen!) in Gestalt des — und zwar nach der gesetzlichen Grundregel des § 119 HGB wieder einstimmigen — Beschlusses sämtlicher Gesellschafter entgegen, sobald der Geschäftsführungsakt die Grenzen überschreitet, welche der gewöhnliche Betrieb *des* Handelsgewerbes dieser Gesellschaft bedingt. Diese Notwendigkeit ist also zwangsläufig und zwingend, ohne Rücksicht auf die Ansicht und Willensentschließung der einzelnen Gesellschafter, gegeben. Dagegen tritt uns die zweite Einschränkung dieser grundsätzlichen Regelung des § 115 Abs. 1, 1. Halbsatz HGB in Gestalt eines Widerspruchsrechts der übrigen zur Geschäftsführung berechtigten Gesellschafter — nur abhängig von ihrer Willensentschließung, also nicht als zwangsläufige Begleiterscheinung jedes Geschäftsführungsaktes — entgegen. Aber auch hier ist der Ursprung dieser Form verkümmerter Mitwirkung bei der Geschäftsführung, nämlich die ursprünglich notwendige Mitwirkungsbefugnis, unverkennbar.

Diese aus dem Zweck der Offenen Handelsgesellschaft geborene Konzentrierung der ursprünglich in der Vorstufe nur der Gesamtheit — und zwar der übereinstimmenden Gesamtheit — zustehenden Geschäftsführung in der Person jedes zur Geschäftsführung berechtigten Gesellschafters bedingt nicht nur eine Sicherung und Erleichterung des gesellschaftlichen Ablaufs, sondern unter Umständen auch entgegen dem Sinn und Zweck dieser Regelung eine Gefährdung der Gesellschaft und zwar dann, wenn der geschäftsführende Gesellschafter wichtige Interessen der Gesellschaft gefährdet [2]). In demselben Augenblick gewinnt die auf das Widerspruchsrecht des § 115 HGB oder auf die Mitwirkung bei der Beschlußfassung gemäß § 116 HGB verkümmerte Mitwirkungsbefugnis der einzelnen Gesellschafter — selbst die fast ruhende Mitwirkungsbefugnis des von der Geschäftsführung ausgeschlossenen Gesellschafters — einen wesentlichen Teil ihres ursprünglich in der Vorstufe vorhanden gewesenen Inhalts wieder. Denn auf Antrag der übrigen Gesellschafter kann aus einem solchen wichtigen Grunde diesem das Gesellschaftsinteresse gefährdenden Gesellschafter die Geschäftsführungsbefugnis entzogen werden (§ 117 HGB) [3]). Daß diese Entziehungsmöglichkeit nicht willkürlich und mißbräuchlich ausgeübt werden kann, verhindert ihre Abhängigkeit von gerichtlicher Entscheidung. Es zeigt sich aber deutlich, daß auch dieser Antrag auf gerichtliche Entziehung der Geschäftsführungsbefugnis nur das prozessuale äußere Gewand ist, unter welchem die unter dieser Voraussetzung wieder auflebende, in der Vorstufe gesellschaftlicher Entwicklung noch unverkümmert vorhandene ursprüngliche Mitwirkungsbefugnis der Gesellschafter bei den gesellschaftlichen Dingen wieder deutlich in die Erscheinung tritt.

Zweck und Ziel aller dieser Gestaltungen bei der Offenen Handelsgesellschaft ist erkennbar die Förderung und Erleichterung des Ge-

---

[2]) Die Abberufung aus wichtigem Grunde gemäß § 117 HGB ist ja keineswegs nur wegen grober Pflichtverletzung, sondern darüberhinaus aus jedem — auch von dem Gesellschafter nicht verschuldeten — wichtigem Grunde zulässig. Vgl. z. B. Weipert: in „RGR Kommentar zum HGB" 2. Aufl. 1950 § 117 Anm. 7; Hueck: „Das Recht der OHG" 2. Aufl. 1951 S. 81; Urteil des II. Z. S. des BGH v. 19. 12. 1951 in JZ 1952 S. 270 ff.

[3]) Die gleiche Regelung sieht § 127 HGB für die Entziehung der Vertretungsbefugnis vor.

schäftsablaufs und die Vermeidung der Lähmung der Geschäftsführung, die ihrerseits praktisch nur den Beginn der endgültigen Zersetzung und Auflösung der Gesellschaften darstellt. Darum mußte die noch als selbstverständliche Folge einer Nichtunterwerfung der „minderen" unter den Beschluß der „mehreren" bei Meinungsverschiedenheiten zwischen den Gesellschaftern von dem Preußischen Allgemeinen Landrecht in Kauf genommene Auflösung der Gesellschaft — eben wegen der zu Gunsten des lebenden Handelsgewerbes sprechenden Erhaltungstendenz — ausgeschlossen oder mindestens nach Möglichkeit beschränkt werden. Demnach geht das Recht der Offenen Handelsgesellschaft grundsätzlich in allen Fällen, in welchen ein Mehrheitsbeschluß zulässig ist, von dem Recht der Majorität zur Bestimmung der Willensentschließung und von der entsprechenden Unterwerfungspflicht der Minorität gegenüber einem solchen Mehrheitsbeschluß aus. Es kennt nur den Antrag des Gesellschafters auf Auflösung der Gesellschaft aus wichtigem Grunde (§ 133 HGB) und umgekehrt die Ausschließung eines Gesellschafters aus der Gesellschaft aus wichtigem Grunde (§ 140 HGB). Beide Möglichkeiten sind aber nicht an die entsprechenden rechtsgeschäftlichen Erklärungen der Gesellschafter — z. B. an eine Kündigung —, sondern erst an eine gestaltende gerichtliche Entscheidung geknüpft. Damit betont das Gesetz wieder, welche Bedeutung es dem Gedanken der Aufrechterhaltung des lebenden Unternehmens beimißt.

Es zeigt sich aber auch hier deutlich, daß auch diese Antragsrechte auf gerichtliche Entscheidung nichts anderes sind, als formal und prozessual gebundene und gestaltete Erscheinungsformen der ursprünglichen gesellschaftlichen Mitwirkungsbefugnis.

Wenn schließlich § 108 Abs. 1 HGB für die Anmeldungen zum Handelsregister die Mitwirkungspflicht für alle Gesellschafter festsetzt, so ist der Zusammenhang zwischen einer solchen Anmeldung und der ursprünglichen Mitwirkungsbefugnis der Gesellschafter so offensichtlich, daß es einer besonderen Darlegung nicht bedarf.

Die Erfahrung des Wirtschaftslebens zeigt nun, daß sehr häufig durch die Gesellschaftsverträge eine Abwandlung dieser gesetzlichen Vertragstype der OHG erfolgt. Derartige Abwandlungen enthalten, von Ausnahmen [4]) abgesehen, fast immer eine stufenmäßige Weiterentwicklung

[4]) Solche Ausnahmen liegen z. B. in der Vereinbarung gemeinschaftlicher Geschäftsführung oder gemeinschaftlicher Vertretung.

der gesellschaftlichen Konstruktion durch Einführung oder Weiterentwicklung des Mehrheitsbeschlußsystems für mehr oder weniger umfangreiche Gebiete gesellschaftlicher Willensentschließung, gleichgültig, in welch äußerer Erscheinungsform diese Abwandlungen erfolgen, oder welche Bezeichnung sie in dem Gesellschaftsvertrage erfahren. Immer handelt es sich hierbei um Fortentwicklung solcher gesellschaftlichen Mitwirkungsbefugnisse, um stufenmäßige Fortentwicklung also, die diese ursprüngliche Mitwirkungsbefugnis der Gesellschafter abändern, verstärken oder schwächen, nicht aber ihren Charakter oder ihr Wesen ändern.

2. *Die Kommanditgesellschaft.* Für die den Kommanditisten innerhalb des gesellschaftlichen Lebens auf Grund des Gesetzes oder des Gesellschaftsvertrages zustehenden Mitwirkungsrechte ergibt sich *grundsätzlich* gegenüber der parallelen Gestaltung der Rechte der persönlich haftenden Gesellschafter einer Offenen Handelsgesellschaft kein Unterschied. Das ergibt sich schon aus der in § 161 Abs. 2 HGB vorgeschriebenen grundsätzlichen Anwendbarkeit der §§ 105 ff. HGB auf die Kommanditgesellschaft [5]). Der Fortfall der Geschäftsführungsbefugnis und der Vertretungsbefugnis für die Kommanditisten (§§ 164, 170 HGB), ebenso wie die Beschränkung der Haftung der Kommanditisten auf den Betrag ihres Kapitalanteils und ihrer etwa rückständigen Einlagen (§§ 167, 171 HGB), bedingen nur eine — gegenüber der Entwicklungsstufe der Komplementäre einer OHG — weitere Beschränkung und Verkümmerung ihrer ursprünglichen gesellschaftlichen Mitwirkungsbefugnis. So beschränkt sich z. B. das Widerspruchsrecht des Kommanditisten gegenüber den Handlungen der zur Geschäftsführung berechtigten Gesellschafter auf den Fall, daß die Handlung über den gewöhnlichen Betrieb *des* Handelsgewerbes dieser Gesellschaft hinausgeht (§ 164 HGB) und das Kontrollrecht des Kommanditisten auf die Prüfung der jährlichen Bilanz und deren Unterlagen (§ 166 Abs. 1 HGB).

Es bedarf auch keiner besonderen Begründung, daß sein Antragsrecht an das Gericht auf Vorlegung der Bücher und Papiere der Gesellschaft, wie es in § 166 Abs. 3 HGB gestaltet ist, nur die in verstärkter Form wieder auflebende ursprüngliche Mitwirkungsbefugnis darstellt.

---

[5]) Der II. Z. S. des BGH hat auch in seinem Urteil vom 14. 5. 1952 BGHZ 6, 113 = JZ 1952, 529 mit Anmerkung von Geßler die Ausschließungsklage der Kommanditisten gegen den einzigen Komplementär unter rechtsähnlicher Anwendung des § 140 HGB zugelassen.

Für seine Mitwirkungsnotwendigkeit bei der Anmeldung gegenüber dem Handelsregister (§§ 162, 175 HGB) gilt das gleiche, was vorstehend über die Offene Handelsgesellschaft zu § 108 HGB dargetan ist.

V

Interessant ist es auch, zu verfolgen, wie sich diese gesellschaftliche Mitwirkungsbefugnis bei den Kapitalgesellschaften abgewandelt hat.

1. *Die Gesellschaft mit beschränkter Haftung.* Diese Unternehmensform unterscheidet sich trotz ihrer Verwandtschaft mit den Personengesellschaften und trotz vieler wesensähnlicher Züge mit diesen nicht nur durch ihre verbandsrechtliche Organisationsform, sondern u. a. auch dadurch — und das ist für die Erscheinungsform der ursprünglichen Mitwirkungsbefugnis der Beteiligten von bestimmender Bedeutung —, daß bei ihr der Zusammenschluß nicht nur zur gesellschaftlichen Bindung der Beteiligten und nicht nur zur Bildung eines gemeinschaftlichen Gesamthandvermögens, sondern statt dessen zur Entstehung eines neuen selbständigen und als Träger der Rechte und Pflichten berufenen Rechtssubjekts: der juristischen Person führt (§ 13 GmbH.-Ges.). Eben diese Entstehung der juristischen Person und ebenso die Konzentrierung ihrer Rechte und Pflichten (besonders der Verbindlichkeiten) ausschließlich auf diese (§ 13 Abs. 2 GmbH.-Ges.) bedingen entwicklungsmäßig eine weitere „Entfernung" zwischen den als Gesellschafter Beteiligten einerseits und der Geschäftsführung andererseits. Beide Umstände erzwingen folgerichtig eine Auflösung dieses ursprünglichen Zusammenhangs zwischen der gesellschaftlichen Beteiligung und der Auswirkung der aus ihr entspringenden und ursprünglich innig mit ihr verbundenen Mitwirkungsbefugnis.

Die Interessenlage hat sich gegenüber dem Zusammenschluß in Gestalt der Offenen Handelsgesellschaft oder der Kommanditgesellschaft nicht unerheblich verändert. Während bei den vorerwähnten Personengesellschaften die unmittelbare — wenn auch bei den Kommanditgesellschaften begrenzte — Haftung die grundsätzlich unmittelbare Mitwirkungsbefugnis der Gesellschafter bei der Geschäftsführung rechtfertigt, ja wegen ihrer eigenen persönlichen Haftung nahezu notwendig macht, tritt bei der GmbH. insoweit eine Änderung ein, als einmal die Beschränkung der Haftung auf das Gesellschaftsvermögen eine solche unmittelbare Mitwirkungsbefugnis bei der Geschäftsführung nicht mehr von so entscheidender und lebenswichtiger Bedeutung für die Beteiligten ist. Zum anderen gewinnt aber bei dieser Gestaltung: der Beschränkung der Haftung auf das Gesellschaftsvermögen, plötzlich das Interesse der Gläubiger dieser GmbH. an einer ordnungsmäßigen Geschäftsführung der Gesellschaft — das ja bei der OHG durch die volle persönliche Haftung der Gesellschafter unmittelbar und wirksam gewahrt wird — sehr lebhafte Bedeutung. Wenn man dieses Interesse der Gläubiger berücksichtigt — und von seiner Wahrung hängt entscheidend die Kreditwürdigkeit der GmbH. und damit deren Eignung als Unternehmensform des Wirtschaftsverkehrs ab — so bleibt nur die Lösung übrig, den Fortfall der persönlichen Haftung der beteiligten Gesellschafter durch eine Eigenverantwortlichkeit der für dieses Gesellschaftsvermögen verantwortlichen Geschäftsführer zu ersetzen.

Es ist daher typisch für diese Doppelstellung der Geschäftsführer, einmal als ausgesprochene Funktionäre des Gesellschaftswillens und zum anderen als eigenverantwortliche (insoweit *auch* im Interesse der Gesellschaftsgläubiger fungierende) Verwalter dieses den Gläubigern haftenden Gesellschaftsvermögens, wenn § 31 Abs. 6 GmbH.-Ges. eine Verantwortlichkeit der Geschäftsführer gegenüber den Gesellschaf*tern* normiert und § 43 GmbH.-Ges. den Geschäftsführern in den Angelegenheiten der Gesellschaft die Sorgfalt eines ordentlichen Geschäftsmannes *gegenüber der Gesellschaft* auferlegt. Daß diese Bestimmung des § 43 GmbH.-Ges. so zu verstehen ist, ergeben mit aller Deutlichkeit die Absätze 2 und 3. Denn in diesen Bestimmungen ist einmal expressis verbis die *Haftung gegenüber der Gesellschaft* begründet (§ 43 Abs. 2 GmbH.-Ges.), zum anderen ist die Unabhängigkeit von dem Willen der Gesellschafter — und damit die Ursprünglichkeit und Selbständigkeit dieser Geschäftsführerverantwortung — dadurch hervorgehoben, daß diese Haftung nicht entfällt, wenn die Geschäftsführer in Befolgung eines Beschlusses der Gesellschafter gehandelt haben.

Es ist notwendig, sich diesen Unterschied und seine Grundlagen mit aller Deutlichkeit klarzumachen, sich dieser rechtlichen Grundgedanken „wieder zu erinnern", weil diese Überlegung im Laufe der Zeit im wesentlichen verloren gegangen war. Das tritt in der Literatur bei der Erörterung der Einschränkbarkeit dieser Haftung z. B. im Wege der Satzungsbestimmung entsprechend dem Grundgedanken der §§ 276, Abs. 2, 278, Satz 2 BGB deutlich in die Erscheinung. Während Hachenburg in seinem Kommentar zum GmbH.-Gesetz entsprechend der amtlichen Begründung zu diesem Gesetz (dort S. 361) diese Einschränkungsmöglichkeit in den ersten Auflagen nicht kennt, wird sie in der 5. Auflage (Anm. 2 zu § 43) aus der allgemeinen Regelung des § 276 BGB bejaht [1]). Die Anwendung des Grundgedankens des § 276 BGB, und damit die Bejahung der Zulässigkeit einer solchen Haftungsbeschränkung z. B. durch die Satzung, verstößt in ausgesprochenem Maße gegen den Zweck dieser Regelung und gegen die ihr „vorausgehenden" rechtlichen Grundgedanken. Es ist mit ihnen und besonders mit der Interessenlage der Gesellschaftsgläubiger unvereinbar, eine solche Haftungsbeschränkung durch die Satzung der Gesellschaft zuzulassen, denn durch sie wird die durch das Gläubigerinteresse bedingte Eigenverantwortlichkeit der Geschäftsführer gegenüber der Gesellschaft und damit die der Gesellschaft mit beschränkter Haftung wesensmäßig eigene Verselbständigung der Geschäftsführung, ihre mindestens teilweise Lösung aus dem Zusammenhang und Ursprung, nämlich der Mitwirkungsbefugnis der Gesellschafter, zu einem nicht unwesentlichen Teil wieder beseitbar.

Auch hier zeigt sich übrigens wieder die Mittel- oder Übergangsstellung der Gesellschaft mit beschränkter Haftung zwischen der Offenen Handelsgesellschaft einerseits und der Aktiengesellschaft andererseits. Denn in dem Bereiche der Aktiengesellschaft, wo typisch die Entfernung zwischen den Aktionären und dem einzelnen Geschäftsvorfall noch weitaus größer ist, und wo im allgemeinen wegen der Größe und Unübersichtlichkeit der Verhältnisse das Gläubigerinteresse an dieser Eigenverantwortlichkeit der Geschäftsführung noch zwingender ist, steigert sich diese Entwicklung bis zur absoluten Selbständigkeit und Nurverantwortlichkeit der Vorstandsmitglieder gegenüber dem Unternehmen [2]). Bei der Aktiengesellschaft ist die Trennung zwischen der ursprünglichen Mitwirkungsbefugnis des Aktionärs und der Geschäftsführung soweit fortentwickelt, daß ihre Zusammenhänge vielfach nur noch geahnt werden können.

Über diese beginnende grundsätzliche Lösung der Geschäftsführung aus der ursprünglichen Mitwirkungsbefugnis der Gesellschafter und da-

---

[1]) Für die Zulässigkeit einer solchen Beschränkung der Haftung u. a. außer der zitierten Stelle von Hachenburg: Brodman: „Gesetz betr. die Gesellschaft mit beschränkter Haftung" 1924 Anm. 1 zu § 43; Baumbach-Hueck: „Gesetz betr. die Gesellschaft mit beschränkter Haftung", 5. Aufl. 1951, § 43, Anm. 1 B; dagegen besonders bei Scholz: Kommentar zum GmbH.-Ges., 3. Aufl., I, 1 zu § 43.

[2]) § 70 des Aktiengesetzes lautet: „Der Vorstand hat unter eigener Verantwortung die Gesellschaft so zu leiten, wie das Wohl des Betriebes und seiner Gefolgschaft .... es erfordern."

mit über die Heraushebung und Entwicklung der Geschäftsführung zu etwas Selbständigem mit der Eigenverantwortlichkeit gegenüber der Gesellschaft ohne Rücksicht auf den Willen der Gesellschafter kann auch die Regelung des § 6 GmbH.-Ges. nicht hinwegtäuschen, der positiv-rechtlich durch die dort normierte Auslegungsregel die Zulässigkeit der Bestellung sämtlicher Gesellschafter zu Geschäftsführern anerkennt.

Es ist richtig, daß diese Verselbständigung der Geschäftsführung im Bereiche der GmbH. und ihre Lösung aus der ursprünglichen gesellschaftlichen Mitwirkungsbefugnis noch nicht vollständig ist. Sie stellt gewissermaßen nur das Anfangsstadium einer Entwicklung dar, wie wir sie in der Regelung des § 70 des Aktiengesetzes schließlich vollendet finden. Denn die Zusammenhänge zwischen der Geschäftsführung und der Mitwirkungsbefugnis der Gesellschafter hinsichtlich der Besorgung der gesellschaftlichen Angelegenheiten sind noch in zweifacher Hinsicht sehr eng. Diese (noch) enge Verbundenheit ergibt sich mittelbar schon daraus, daß die Bestellung und Abberufung der Geschäftsführer grundsätzlich ebenso wie die Entlastungserteilung durch Beschlußfassung der Gesellschafter erfolgt (§ 46 Ziffer 5 GmbH.-Ges.). Die Bedeutung dieser sehr wirksamen mittelbaren Auswirkung dieser Mitwirkungsbefugnis der Gesellschafter auf die Geschäftsführung wird noch dadurch unterstrichen, daß § 38 GmbH.-Ges. die zwingende Vorschrift enthält, daß die Bestellung der Geschäftsführer grundsätzlich *zu jeder Zeit* widerruflich ist.

Im übrigen garantiert das Gesetz den Gesellschaftern auch eine *unmittelbare Einwirkung* auf die Geschäftsführung. Zunächst gestattet der § 45 GmbH.-Ges. jeder Satzung die Rechte zu regeln, welche den Gesellschaftern in den Angelegenheiten der Gesellschaft, „insbesondere in bezug *auf die Führung der Geschäfte* zustehen". Die Erfahrung zeigt, daß von dieser Möglichkeit sehr häufig Gebrauch gemacht wird; fast nie allerdings in dem Sinne, daß die Eigenverantwortlichkeit der Geschäftsführung gestärkt und die Mitwirkungsbefugnis der Gesellschafter eingeschränkt wird. Dagegen geschieht es sehr häufig — insbesondere bei dem Zusammenschluß einer größeren Anzahl von Gesellschaftern, aber auch bei der Investierung größerer Mittel —, daß die Einflußmöglichkeiten der Gesellschafter auf die Geschäftsführung unabhängig von dem etwas schwerfälligen Apparat der Gesellschafterversammlungen verstärkt werden. Die typischen Mittel hierfür sind die Bildung von „Beiräten", „Gesellschafterausschüssen", von Verwaltungsräten und Aufsichtsräten. Man sieht, wie die gesetzlich vorgesehene Lösung der

Geschäftsführung aus der ursprünglichen Mitwirkungsbefugnis der Gesellschafter wieder das Bedürfnis wachruft, diesen Zusammenhang doch wieder enger zu gestalten.

Vor allen Dingen gestattet es aber die Regelung der §§ 45 und 46 des GmbH.-Gesetzes, wie überhaupt der Charakter der Gesellschafterversammlung als des obersten Willensorgans der Gesellschaft, daß jeder Geschäftsvorfall und damit auch die Einzelheiten der Geschäftsführung zum Gegenstand unmittelbarer Beschlußfassung und damit unmittelbarer Einwirkung der in der Gesellschafterversammlung zusammentretenden Gesellschafter gemacht wird. Das Gesetz selbst schafft sogar für jede Minderheit, die nur 10% des Stammkapitals repräsentiert, die unabdingbare Garantie, die Gesellschafterversammlung zu einer solchen Beschlußfassung zwingen zu können (§ 50 Abs. 1 u. 2 GmbH.-Ges.).

Zusammenfassend läßt sich daher auch für die Gesellschaft mit beschränkter Haftung feststellen, daß alle diese aus dem Gesetz oder aus der dieses Gesetz ergänzenden Satzung für die Gesellschafter folgenden Rechte, gleichgültig, in welcher äußeren Erscheinungsform sie uns entgegentreten, ihren Ursprung und Ausgangspunkt in der ursprünglichen Mitwirkungsbefugnis der Gesellschafter hinsichtlich der Gestaltung der gesellschaftlichen Belange nicht verleugnen können.

2. *Die Aktiengesellschaft.* Für die Aktiengesellschaft in ihrer jetzigen Gestaltung (Gesetz vom 30. 1. 1937) ist der wesensmäßige Zusammenhang der einzelnen den Aktionären durch das Gesetz noch belassenen Rechte mit der ursprünglichen gesellschaftlichen Mitwirkungsbefugnis der Beteiligten auf den ersten Blick weit weniger deutlich, als dies für die gleichen Zusammenhänge noch bei der Gesellschaft mit beschränkter Haftung der Fall ist. Die Größe und Undurchsichtigkeit der Verhältnisse hat mit Rücksicht auf das Interesse der Gesellschaftsgläubiger, aber bei diesem Gesellschaftstyp auch mit Rücksicht auf das Interesse der Aktionäre selbst, zu einer immer mehr gesteigerten und betonten Formalität des Funktionsablaufs und damit zu einer immer mehr formal ausgestalteten und von dem ursprünglichen Zusammenhang entfernteren Regelung der gesellschaftlichen Befugnis der Aktionäre geführt. Diese Tatsache ist sicherlich bedauernswert, sie ist aber beinahe — wenn vielleicht auch nicht in dem gegenwärtigen Umfange — unvermeidbar. Der große Umfang, den die Beteiligung der breiten Masse, insbesondere in den großen Aktiengesellschaften angenommen hat, führt zwangsläufig zu der Unmöglichkeit, die Geschäftsvorgänge für den Einsichtsbereich der vielen Einzelaktionäre auch nur noch erkennbar und in den

wichtigsten Grundzügen erfaßbar zu halten. Diese Erkenntnismöglichkeit bildet aber begrifflich die Voraussetzung für die Möglichkeit zur verantwortlichen Mitwirkung bei ihrer Gestaltung. Denn von einer echten Mitwirkungsmöglichkeit bei der Geschäftsführung, sei es auch nur mittelbarer Art, kann man ernsthaft doch nur dann sprechen, wenn der Mitwirkende als unerläßliche Voraussetzung für seine Mitwirkung die Einsichts- und Erkenntnismöglichkeit hat. Diese muß dem Aktionär aber bei der typischen Aktiengesellschaft ebensosehr wegen seiner eigenen „Entfernung" von der Geschäftsführung, wie auch deshalb fehlen, weil der Umfang der Geschäftsvorfälle gerade bei einem solchen Großunternehmen so weit und vielseitig ist, daß schon ein ständiger, das normale Maß an Zeit und Interesse des Aktionärs übersteigender Kontakt mit diesem Geschäftsablauf notwendig ist, um diese Einsicht und Erkenntnis auch nur grundzugs- und überblicksmäßig zu gewinnen.

Wir können daher bei der Entwicklung der Aktiengesellschaft in den letzten drei Jahrzehnten einen ganz typischen Prozeßablauf verfolgen. Entsprechend der immer mehr schwindenden Einsichts- und Überblicksmöglichkeit verkümmert die wegen dieser entschwindenden Erkenntnismöglichkeiten wert- und sinnlos gewordene ursprüngliche Mitwirkungsbefugnis des Aktionärs immer mehr zu wenigen Rudimenten, die vorwiegend dazu bestimmt sind, den normalen Ablauf des Systems am Leben zu erhalten. Diese Verkümmerung ist so weitgehend — und das ist recht bezeichnend! —, daß der typische Publikumsaktionär so sehr die vermögensmäßige Beteiligung und Anlage im Vordergrund sieht, daß ihm in der Regel das Bewußtsein einer echten gesellschaftlichen Beteiligung völlig oder nahezu völlig verloren gegangen ist.

Es ist nicht Aufgabe dieser Untersuchung, zu prüfen, ob diese Entwicklung das gesunde Maß überschritten hat. Interessant und sicherlich gesund ist jedenfalls die Tatsache, daß die ursprünglich bei dem Aktionär liegende und doch nur dann sinnvolle, wenn auch verantwortliche Mitwirkungsbefugnis sich von den Aktionären dorthin verlagert, wo die Erkenntnis- und Einblicksmöglichkeit in die Geschäftsvorfälle noch vorhanden ist. Diese Entwicklungslinie offenbart sich deutlich bei einer Gegenüberstellung der aktienrechtlichen Grundvorschriften, wie sie ursprünglich in dem Handelsgesetzbuch enthalten waren, und derjenigen des Aktiengesetzes vom 30. 1. 1937.

Wir erinnern uns, daß bei dem Grundtyp der verbandsrechtlich organisierten Assoziationsformen, dem rechtsfähigen Verein, die Angelegenheiten des Vereins, soweit sie nicht von dem Vorstand oder einem anderen Vereinsorgan besorgt werden,

> *„unmittelbar durch Beschlußfassung in einer Versammlung der Mitglieder"*

geregelt werden (§ 32 BGB).

Diese Unmittelbarkeit der Einwirkung auf die Geschäftsführung der Aktiengesellschaft durch die Beschlußfassung der Aktionäre in der Generalversammlung, also diese ursprüngliche Mitwirkungsbefugnis, hatte sich noch in dem § 250 HGB erhalten, der bestimmt:

> *„die Rechte, welche den Aktionären in den Angelegenheiten der Gesellschaft, insbesondere in bezug auf die Führung der Gesellschaft[3]) zustehen, werden durch Beschlußfassung in der Generalversammlung ausgeübt."*

Diese Möglichkeit zu unmittelbarer Einflußnahme auf die Geschäftsführung durch die Aktionäre in der Generalversammlung entsprach deren unmittelbaren Einflußmöglichkeit. § 182 Ziffer 4 HGB stellte als Erfordernis für eine wirksame Satzung einer solchen Aktiengesellschaft auf, daß eine Bestimmung über *die Art der Bestellung* und Zusammensetzung des Vorstandes in der Satzung getroffen wurde. Selbst wenn — gerade bei großen Aktiengesellschaften — die Satzung häufig die Bestellung des Vorstands durch den Aufsichtsrat vorsah, so zeigt allein die Möglichkeit, daß die Satzung die Bestellung der Vorstandsmitglieder durch die Generalversammlung vorsehen und demgemäß auch wieder einführen konnte, noch die recht fühlbare Abhängigkeit des Vorstands von dem Willen der in der Generalversammlung zusammengefaßten Aktionäre. Damit war noch die mittelbare Mitwirkungsbefugnis der Aktionäre auf die Geschäftsführung lebendig und wirksam erhalten geblieben. Ganz besonders deutlich und lebendig tritt diese ursprüngliche Mitwirkungsbefugnis der Aktionäre der Aktiengesellschaft des HGB noch in einem besonders wichtigen anderen Punkte hervor. Über den *Jahresabschluß* (Feststellung der Jahresbilanz und Gewinn- und Verlustrechnung) und über die Gewinnverteilung, sowie über die Entlastung des Vorstands und Aufsichtsrats beschloß die Generalversammlung (§ 260 HGB). Daß diese Beschlußfassung keine leere Formalie war, garantiert allein schon das gesetzliche Vertagungsrecht der §§ 264 und 265 HGB.

---

[3]) Diese Hervorhebung ist hier zum Zwecke der Verdeutlichung erfolgt.

Mit der Einführung des Aktienrechts vom 30. 1. 1937 sind diese Befugnisse, die zur Zeit der Herrschaft des Aktienrechts des HGB noch sehr lebendig die ursprüngliche Mitwirkungsbefugnis der Aktionäre repräsentierten, bis auf geringe Reste verkümmert.

Während bislang die Generalversammlung — wie Staub [4]) es ausdrückt — das „oberste Willensorgan der Gesellschaft“ war und „alles bindend beschließen konnte, was ihrer Zuständigkeit nicht durch das Statut entzogen war“, ist die jetzige Hauptversammlung — und damit sind es auch die in ihr zur Beschlußfassung zusammentretenden Aktionäre — nahezu völlig entmachtet.

Zunächst sind der Hauptversammlung — und damit der Mitwirkungsbefugnis der Aktionäre — die beiden wichtigsten unmittelbaren Einwirkungsrechte entzogen. Die noch in § 250 HGB erhaltene grundsätzliche Entscheidungsbefugnis der Generalversammlung, „insbesondere in bezug auf die Führung der Geschäfte“, hat sich in § 103 Abs. 2 Akt.-Ges. dahin gewandelt, daß die Hauptversammlung des neuen Rechts über Fragen der Geschäftsführung überhaupt nur dann entscheiden *kann*, wenn der Vorstand es verlangt. Weiter ist das außerordentlich wichtige Recht des § 260 HGB, nach welcher Bestimmung die Generalversammlung den *Jahresabschluß zu beschließen hatte*, dadurch fast zur Bedeutungslosigkeit zusammengeschrumpft, daß nunmehr diese Feststellung des Jahresabschlusses grundsätzlich dem Zusammenwirken von Vorstand und Aufsichtsrat übertragen ist (§ 125 Abs. 1 bis 3 Akt.-Ges.). Nur dann lebt dieses wichtige unmittelbare Mitwirkungsrecht des Aktionärs ausnahmsweise wieder auf, „wenn sich Vorstand und Aufsichtsrat für eine Feststellung durch die Hauptversammlung entscheiden“ (§ 125 Abs. 3 Akt.-Ges.) [5]).

Eine ähnliche Entwicklung haben die mittelbaren Mitwirkungsbefugnisse der Aktionäre bei der Geschäftsführung erfahren. So ist insbesondere die — eine solche Mitwirkungsbefugnis garantierende — absolute Abhängigkeit des Vorstands von den in der Hauptversammlung zur Wahrnehmung gesellschaftlicher Rechte zusammentretenden Aktionären völlig und ungewöhnlich wirksam beseitigt. Zunächst entfällt

---

[4]) „Staub's Kommentar zum HGB“, 9. Auflage, 1912. Anmerkung 7 zu § 250; vgl. auch RGZ Band 73, Seite 236.

[5]) Die Erfahrung in den anderthalb Jahrzehnten seit dem Inkrafttreten des Aktiengesetzes hat gezeigt, daß von dieser Möglichkeit, die Hauptversammlung über den Jahresabschluß entscheiden zu lassen, nur in den allerseltensten Fällen Gebrauch gemacht worden ist.

das für eine solche mittelbare Einflußnahme besonders wesentliche Recht zur Beschlußfassung über die Bestellung und Abberufung der Vorstandsmitglieder. Ihre Bestellung und Abberufung erfolgt nach der zwingenden Vorschrift des § 75 des Akt.-Ges. nicht mehr durch die Hauptversammlung, sondern ausschließlich durch den Aufsichtsrat. Die Fortentwicklung dieser Gestaltung wird ganz besonders deutlich, wenn man sie mit der generellen Regelung für das Recht der Gesellschaft mit beschränkter Haftung vergleicht. Bei letzterer Gesellschaft ist die von dem Gesetz gewollte unmittelbare Abhängigkeit der Geschäftsführung von dem Willensentschluß der Gesellschafter noch dadurch betont, daß § 38 GmbH.-Ges. nicht nur die grundsätzlich jederzeit zulässige Widerrufbarkeit einer solchen Bestellung normiert, sondern darüber hinaus die Abänderung einer solchen Widerrufbarkeit durch den Gesellschaftsvertrag grundsätzlich ausschließt.

Diese Lösung der Vorstandsmitglieder aus dem Abhängigkeitsverhältnis zu den Aktionären ist von dem Aktiengesetz des Jahres 1937 darüberhinaus positiv noch wesentlich weiter gestaltet worden. Zunächst ist den Vorstandsmitgliedern — mit der entsprechenden Schadensersatzpflicht bei einem Verstoß hiergegen — auferlegt, „bei ihrer Geschäftsführung die Sorgfalt eines ordentlichen und gewissenhaften Geschäftsleiters anzuwenden" (§ 84 Akt.-Ges.). Diese Regelung entspricht etwa der parallelen Gestaltung in § 43 GmbH.-Ges. Sie mag vorwiegend — genau wie bei der Gesellschaft mit beschränkter Haftung — durch die Interessenlage der Gesellschaftsgläubiger und deren Beschränkung auf das Vermögen der Aktiengesellschaft (§ 48 Abs. 2 Akt.-Ges.) bedingt sein. Darüber hinaus begründet § 70 Akt.-Ges. die Selbständigkeit der Vorstandsmitglieder gegenüber dem Willen der Aktionäre und nunmehr — erstmalig in den Gestaltungen des Gesellschaftsrechts — seine ausschließliche Abhängigkeit von den Interessen des Betriebes und seiner Gefolgschaft.

Es tritt also deutlich in die Erscheinung, wie groß der Abstand der Aktionäre von der Geschäftsführung geworden ist. Ihre Interessenlage und deren rechtliche Auswirkung nähern sich mindestens stark derjenigen der Gesellschaftsgläubiger. Dafür tritt der Betrieb, das lebendige Unternehmen, als Träger der Abhängigkeitsberechtigung der Vorstandsmitglieder als derjenige hervor, in dessem Interesse und dem gegenüber diese Verantwortlichkeit der Vorstandsmitglieder begründet ist.

Mit der Herausnahme des wesentlichsten Teils der ursprünglichen gesellschaftlichen Mitwirkungsrechte aus dem Zuständigkeitsbereich der

Aktionäre muß ihr verbleibender Restbestand, und zwar gerade auch wegen der immer stärker in das Formale abgleitenden Gestaltung des gesellschaftlichen Funktionsablaufs, immer mehr formalen und äußerlich gestalteten Charakter annehmen. Wir finden diese Restbestände der ursprünglichen gesellschaftlichen Mitwirkungsbefugnis der Aktionäre in bezug auf die Geschäftsführung z. B. noch:

1. in der notwendigen Beschlußfassung der Hauptversammlung
   a) über Verzicht und Vergleich hinsichtlich der Schadensersatzansprüche gegenüber den Gründern, gegenüber den gleich ihnen haftenden Personen und gegenüber den Mitgliedern des Vorstands und Aufsichtsrats (§ 43 Akt.-Ges.);
   b) über einen Vergleich der Aktiengesellschaft mit den Vorstandsmitgliedern hinsichtlich der Schadensersatzansprüche aus § 84 Akt.-Ges.;
   c) soweit Gesetz oder Satzung dieses bestimmen (§ 103 Abs. 1 Akt.-Ges.);
   d) über Fragen der Geschäftsführung, *soweit der Vorstand es verlangt* (§ 103 Abs. 2 Akt.-Ges.);
   e) über einen Vergleich im Sinne des § 124 Akt.-Ges.;
   f) über die Feststellung des Jahresabschlusses, *wenn sich hierfür Vorstand und Aufsichtsrat* entscheiden (§ 125 Akt.-Ges.);
   g) über die Bestellung der Abschlußprüfer — einschließlich der hierbei garantierten Minderheitsrechte (§ 136 Akt.-Ges.);
   h) über die Bestellung von Abwicklern (§ 206 Akt.-Ges.);
   i) über Wahl und Abberufung von Aufsichtsratmitgliedern (§ 87 Akt.-Ges.);
2. in dem satzungsmäßig vorgesehenen Rechte zur Ernennung oder Präsentierung von Aufsichtsratsmitgliedern (§ 88 Akt.-Ges.);
3. in dem Minderheitsrecht des § 118 Akt.-Ges.;
4. in den Möglichkeiten, die § 122 Akt.-Ges. der Hauptversammlung, d. h. den zu ihr zusammentretenden Aktionären gewährt.
5. in den Minderheitsrechten des § 123 Akt.-Ges.

So wenig im einzelnen bei diesen Rechten zum Teil ihr Zusammenhang mit der ursprünglichen Mitwirkungsbefugnis der Beteiligten noch erkennbar ist, so formal und scheinbar selbständig teilweise diese Ausgestaltungen erfolgt sind, so kann jedenfalls kein Zweifel daran bestehen, daß sie alle ihren Ausgangspunkt und ihre Grundlage in dieser ursprünglichen gesellschaftlichen Mitwirkungsbefugnis der Aktionäre haben und daß sie deren — durch die Entwicklung langsam verkümmerte — Restbestände darstellen.

VI

Geht man von der so gefundenen inneren Gleichartigkeit des Mitwirkungsrechts der Beteiligten und den aus ihr erwachsenen Einzelgestaltungen (Geschäftsführungsbefugnis, Entziehungsrecht, Widerspruch und Stimmrecht) und demgemäß von der an sich aus der satzungsmäßigen bzw. gesellschaftsvertraglichen Gebundenheit dieser ursprünglichen Mitwirkungsberechtigung der Beteiligten auch für diese Einzelgestaltung gefolgerten inhaltlichen Bestimmung und Begrenzung aus, dann gewinnt das in der Literatur und Rechtsprechung hauptsächlich anläßlich der Ausübung des Stimmrechts behandelte Problem der Zulässigkeit und der Möglichkeit einer solchen inhaltlichen Bestimmung und Begrenzung eine andere Bedeutung.

Daß ein solches, dem Gesellschafter zustehendes Stimmrecht und seine Ausübung nicht *völlig* seiner freien Willkür überlassen ist, sondern daß es *positiv rechtlich* in einiger Hinsicht durch gesetzliche Grenzziehung eingeengt ist, ergeben die Bestimmungen des § 47 GmbH.-Gesetz und des § 114 Aktiengesetz. Begrifflich ist also zweifellos das Stimmrecht und seine Ausübung einer Beschränkung fähig. Ebensowenig wird man daran zweifeln können, daß der in dem § 226 Abs. 2 BGB [1]) zum Ausdruck gelangte Gedanke des Schikaneverbots wie auf jede andere Rechtsausübung so auch auf diese Stimmrechtsausübung anwendbar ist [2]).

Die Frage ist nur, ob diese erwähnten positiv rechtlichen Begrenzungen der Stimmrechtsausübung die einzig möglichen und zulässigen sind. Mit der Abkehr von dem absoluten Rechtspositivismus und mit der Skepsis gegenüber dem Gedanken der vollständigen Erfassung des Rechts in Gestalt positiver Norm verbietet sich eine Bejahung dieser Frage von selbst.

---

1) Durch die Worte „nur den Zweck haben können" sind der unmittelbaren Anwendung dieser Bestimmung sehr enge Grenzen gesetzt.

2) So z. B. Urteil des II. Zivilsenats des Reichsgerichts vom 10. 1. 1928 in RGZ Bd. 119 S. 387.

Soweit ich sehe, hat zuerst Hachenburg [3]) im Jahre 1907 durch einen Aufsatz den Anlaß zu der intensiven Behandlung dieser Frage gegeben. Hachenburg vertrat die Ansicht, daß die allgemeinen Bestimmungen des BGB — so z. B. des § 157 BGB — die Annahme rechtfertigen, daß ein Gebrauch des Stimmrechts wider Treu und Glauben nicht geduldet werden könne. Einen solchen Verstoß gegen Treu und Glauben sah er insbesondere dann als gegeben an, wenn die Stimmrechtsausübung erfolgte

a) um Rechte der Gesellschaft lahmzulegen

oder

b) um diesem stimmenden Gesellschafter auf Kosten der Gesellschaft Vorteile zu verschaffen.

In diesen beiden von Hachenburg herausgestellten Fällen handelt es sich bei der Stimmrechtsausübung um eine ganz typische Verwendung dieser Mitwirkungsberechtigung entgegen dem Grund und Zweck, aus welchem heraus dieses Mitwirkungsrecht in Gestalt des Stimmrechts für den einzelnen Gesellschafter erwachsen ist.

Diese rechtliche Begründung — und damit auch ihr zeitbedingter Fehler Hachenburgs beruht nicht etwa auf einer irrtümlichen Grundrichtung seiner Überlegungen — Hachenburg hat erstaunlich „früh“ diesen an sich richtigen Gedanken vertreten — sondern nur auf der äußeren Einkleidung seines Gedankens. Seine Konstruktion der Unzulässigkeit einer solchen Stimmenabgabe unterstellt gerade mit der Schranke des Verstoßes gegen Treu und Glauben (§ 157 BGB) an sich eine absolute und dem Inhalt nach unbegrenzte Natur eines solchen Stimmrechts.

Daß die Grundidee Hachenburgs richtig war, zeigt am besten die Tatsache, daß in der Folgezeit die Rechtsprechung des Reichsgerichts — bis zu dem tragischen Ende dieses hervorragenden Gerichtshofs — letzten Endes nicht nur diesen Grundgedanken Hachenburgs, sondern auch — man möchte sagen leider — diesen konstruktiven Weg Hachenburgs konsequent immer weiter fortentwickelt hat.

Gegenüber dieser negativen Begrenzung der Ausübung des Stimmrechts durch die aus der Vorschrift von Treu und Glauben (§ 157 BGB) erfolgte Schranke, also gegenüber dieser letzten Endes in der subjektiven Sphäre des letztinstanzlichen Richters verschwimmenden Begrenzung des Inhalts dieses Stimmrechts, hatte der II. Zivilsenat des Reichsgerichts anfänglich besonders in der recht modern anmutenden Entschei-

[3]) Hachenburg in Leipz. Zeitschr. 1907 S. 460 ff.

dung vom 16. 1. 1913 [4]) für den Bereich des Rechts der Offenen Handelsgesellschaft und demgemäß hier abgestellt auf die Begrenzungsmöglichkeiten für Maßnahmen eines Gesellschafters gegenüber einem anderen Gesellschafter, das entscheidende Kriterium darin gesehen, ob eine solche Maßnahme „pflichtwidrig" sei. Darin kommt die Erkenntnis zum Ausdruck, daß eine solche Abgrenzung nicht aus der Subjektivität des nachträglichen Beurteilers, sondern aus der objektiven Pflichtenlage gewonnen werden müsse, darüber hinaus aber — wieder ansatzmäßig — auch die Erkenntnis, daß der Inhalt einer solchen gesellschaftlichen Berechtigung und ihre inhaltliche Begrenzung eben nur aus der rechtlichen Gebundenheit innerhalb eines Gesellschaftsverhältnisses fließt und nicht erst durch die Schranke des § 157 BGB bei ihrer Ausübung bestimmt wird.

Ähnlich hatte der II. Zivilsenat in einem Urteil vom 27. 3. 1923 [5]) wieder für den Bereich der Offenen Handelsgesellschaft seine Entscheidung auf „das gemeinschaftliche Interesse" der Gesellschaft abgestellt. Der Einfluß der von Müller-Erzbach maßgebend gestalteten Lehre von der Interessenjurisprudenz macht sich hier unverkennbar bemerkbar. Jedenfalls tritt mit aller Deutlichkeit in dieser Entscheidung das Bestreben zutage, objektiv feststellbaren und daher auch nachprüfbaren Momenten gegenüber dem in der subjektiven Sphäre der einzelnen wurzelnden Ermessen und der Billigkeit für diese als notwendig erkannte Grenzziehung den Vorzug zu geben.

Bereits in dem Urteil vom 13. 4. 1912 [6]) hatte der IV. Zivilsenat für die Abgrenzung der gesellschaftlichen Belange gegenüber den Sonderinteressen einzelner Gesellschafter den Gesellschaftszweck als den entscheidenden rechtlichen Faktor erkannt [7]).

Mit der von Hachenburg in dem erwähnten Aufsatz vertretenen Ansicht hat sich dann wiederum der II. Zivilsenat des Reichsgerichts in einem Urteil vom 29. 11. 1912 [8]) eingehend auseinandergesetzt und — wenn auch mit offensichtlichem Schwanken — diese Ansicht abge-

[4]) RG in JW 1913 S. 429.

[5]) In RGZ Band 107 S. 172.

[6]) Leipz. Zeitschr. 1912 S. 545.

[7]) Diese Betonung des Gesellschaftszwecks als eines der entscheidenden Faktoren für die Abgrenzung solcher gesellschaftlichen Berechtigung ist auch in späteren Entscheidungen des Reichsgerichts erfolgt, so z. B. im Urteil des II. Zivilsenats vom 19. 2. 1935 in JW 1935 S. 1773.

[8]) II. Zivilsenat in RGZ Band 81 S. 37 ff. (insbesondere S. 39/40).

lehnt. Der Senat betont zwar, daß die „gesetzlichen Vorschriften über die Stimmrechtsenthaltung nicht alle denkbaren Fälle erschöpfen". Er kam aber doch zu dem Ergebnis, daß diese Heranziehung der allgemeinen Vorschriften des BGB, insbesondere des § 157 BGB, zur Begrenzung des Stimmrechts nicht geeignet seien. Der Senat begründet seine Ansicht wörtlich wie folgt:

> *„Nicht die Auslegung des Stimmrechts, sondern seine Ausübung steht in Frage; die Ausübung eines Rechts aber wird durch § 226 BGB erst dann für unzulässig erklärt, wenn sie nur den Zweck haben kann, einem anderen Schaden zuzufügen. Vor allem aber müßte ein so dehnbarer, auf das Ermessen und die Billigkeit abgestellter Satz, wie Hachenburg ihn verteidigt, in die Betätigung eines gesellschaftlichen Lebens, die größte Unsicherheit hineintragen... Gerade in der Frage der Stimmenenthaltung sind klare und scharfe Grenzlinien für die Praxis unentbehrlich."*

Diese in dem Urteil gegebene Begründung ist in mehrfacher Hinsicht aufschlußreich. Ganz offensichtlich wird nicht das Lebensbedürfnis für eine inhaltliche Begrenzung des Stimmrechts verkannt. Man spürt deutlich, wie der Senat an sich von der Idee Hachenburgs innerlich angesprochen und gefangen ist und wie letzten Endes nur die Sorge vor den Schwierigkeiten einer solchen genauen Grenzziehung als entscheidender Faktor sich auf die schließliche Ablehnung dieser Ansicht ausgewirkt hat. Gerade dieser Teil der Begründung, der die Schwierigkeiten, ja die Unmöglichkeit betont, die „dem so dehnbaren, auf das Ermessen und die Billigkeit abgestellten Satz" eine praktisch notwendige klare Grenzziehung bereitet, verdient gegenüber der beinahe uferlosen späteren Anwendung der aus dem Begriff der Treue und der Vorschrift von Treu und Glauben in der reichsgerichtlichen Rechtsprechung gezogenen Folgerungen gerade für unsere Untersuchung festgehalten zu werden.

Interessant ist diese Begründung ferner deshalb, weil sie deutlich sichtbar macht, wie dieser speziell mit gesellschaftsrechtlichen Fragen befaßte II. Zivilsenat — ganz im Gegensatz zu seiner Rechtsprechung in den letzten Jahrzehnten seines Bestehens — erst in diesem Zeitpunkt begonnen hat, sich aus der Überbewertung des positiven Rechts, also aus den Vorstellungen und Bindungen des Rechtspositivismus, zu befreien.

Interessant an dieser Begründung ist schließlich, daß der Senat aus seiner Gefangenheit für diese schließlich von ihm abgelehnte Idee von

Hachenburg auch deren äußere Einkleidung, ihre Begründung ohne weiteres übernommen hat, indem er mit dürren Worten ausführt: „Nicht die Auslegung des Stimmrechts (also ihre inhaltliche Begrenzung) [9]), sondern seine Ausübung steht in Frage; die Ausübung eines Rechts aber wird durch § 226 BGB erst dann für unzulässig erklärt, wenn ...“

An dieser grundsätzlichen Einstellung, daß eine Abgrenzung des Stimmrechts etwa aus dem Gesichtspunkt des § 157 BGB deshalb abzulehnen sei, „weil in der Praxis zu der Frage der Stimmenthaltung klare und scharfe Grenzlinien unentbehrlich seien“, hat der II. Zivilsenat des Reichsgerichts in den folgenden Jahren zunächst festgehalten und dies als Grundsatz seiner ständigen Rechtsprechung nochmals in der Entscheidung vom 10. 1. 1928 [10]) betont.

In der Tat können diese Bedenken des Reichsgerichts nicht ernst genug genommen werden. Die Bedeutung einer solchen klaren Abgrenzung ist für den praktischen Ablauf des gesellschaftlichen Lebens überhaupt nicht zu überschätzen. Man denke nur an den Zeitablauf — und an die während dieser Zeit bestehende Unsicherheit — der in der Regel zwischen dem Konfliktfall in der Gesellschafterversammlung und seiner letztinstanzlichen Entscheidung liegt. Demgegenüber darf aber nicht übersehen werden, daß noch untragbarer als eine schwierige Grenzziehung eine das Rechtsgefühl der Beteiligten kränkende und ihre wirtschaftlichen Belange doch häufig schwer beeinträchtigende ungerechte Grenzziehung ist.

Es kam eigentlich nicht darauf an, diese offensichtlich auch von dem II. Senat als sehr wünschenswert, als eine dem natürlichen Lebensbedürfnis entsprechend empfundene Idee wegen der Schwierigkeiten fallen zu lassen, die ihrer Durchführung in der Praxis entgegenstehen, sondern entscheidend hätte sein müssen, einen Weg zu finden, der gestattet, diese praktischen Ausführungsschwierigkeiten zu überwinden.

Die Tatsache, daß ein zwingendes Lebensbedürfnis für eine solche inhaltliche Begrenzung des Stimmrechts bestand und sich immer deutlicher bemerkbar machte, hat der II. Zivilsenat in den letzten knappen zwei Jahrzehnten seines Wirkens gerade durch seine Rechtsprechung unwiderlegbar bestätigt. Immer stärker trat in der Rechtsprechung dieses II. Zivilsenats — aber auch in der seiner Nachbarsenate — der

---

[9]) Die geklammerten Worte sind hier der Deutlichkeit halber hinzugefügt.

[10]) Urteil des II. Zivilsenats vom 10. 1. 1928 in RGZ Band 119 Seite 386 ff. (387).

Gedanke hervor, daß die Grundidee der Vorschriften über Treu und Glauben (§§ 157, 242 BGB) und eine insbesondere aus den diesen beiden Bestimmungen zugrunde liegenden Rechtsgedanken gefolgerte allgemeine Treuepflicht der Gesellschafter (und zwar aller Gesellschaftstypen), eine Abgrenzung der den Gesellschaftern innerhalb des gesellschaftlichen Lebens zustehenden Mitwirkungsberechtigung, also insbesondere hinsichtlich des Stimmrechts und seiner Ausübung, erfordere, aber auch gestatte [11]).

Diese Entwicklung der reichsgerichtlichen Rechtsprechung lief für die einzelnen Haupttypen des Gesellschaftsrechts (Offene Handelsgesellschaft, Kommanditgesellschaft, Aktiengesellschaft und Gesellschaft mit beschränkter Haftung) mindestens ergebnismäßig parallel, wenn auch naturgemäß sich anfangs dieser Grundgedanke zunächst bei denjenigen Gesellschaftstypen entwickelte, bei denen die persönliche Gebundenheit der Mitglieder mehr im Vordergrund stand (also bei den Offenen Handelsgesellschaften und den Kommanditgesellschaften).

Um für den Rahmen unserer Untersuchung einen Überblick zu gestatten, sei hier — und zwar getrennt für die einzelnen Gesellschaftstypen — eine Reihe besonders typischer Beispiele aus dieser reichsgerichtlichen Rechtsprechung hervorgehoben.

A. *Für den Bereich der Offenen Handelsgesellschaften und Kommanditgesellschaften:*

1. Urteil des VI. Zivilsenats vom 5. 10. 1912 in JW 1913 Seite 29: *„Der Gesellschaftsvertrag muß in erhöhtem Maße von den Grundsätzen von Treu und Glauben beherrscht sein. Die gesellschaftliche Treue verbietet es . . .“*

2. Urteil des II. Zivilsenats vom 6. 2. 1923 in JW 1924 Seite 671, das aus der Anwendbarkeit des § 242 BGB auf das Gesellschaftsverhältnis weitgehende Folgerungen für die Gestaltung der Gesellschaftsführung zieht [12]).

3. Urteil des II. Zivilsenats vom 19. 2. 1935 in JW 1935 Seite 1773, das aus der Anwendung des § 242 BGB auf das Gesellschafts-

[11]) Vgl. hierzu auch den Aufsatz von Schilling: „Wandlungen des modernen Gesellschaftsrechts“ und zwar insbesondere den Teil „Treu und Glauben“ mit der dort zitierten Literatur und Rechtsprechung in JZ 1953 S. 489 ff.

[12]) Es ist vielleicht kein Zufall, daß diese beiden ersten Urteile nicht zur Veröffentlichung in der amtlichen Sammlung gelangt sind.

verhältnis eine besondere Rücksichtsnahmeverpflichtung gegenüber den Interessen des anderen Partners entwickelt.

4. Urteil des II. Zivilsenats vom 5. 4. 1935 in RGZ Band 147 Seite 332:

   „Auch besteht dauernd (während des Bestehens des Gesellschaftsvertrages) die gegenseitige gesellschaftliche Treuepflicht."

5. Urteil des II. Zivilsenats vom 6. 2. 1937 in JW 1937 Seite 1986:
   „Die sich aus dem Gesellschaftsverhältnis ergebende Treuepflicht kann ihm (auch dem Gesellschafter) im Einzelfall auch bei der Beitreibung einer Forderung gegen die Gesellschaft Rücksichten auferlegen."

6. Diese Entwicklungslinie hat der I. Zivilsenat des OGH für die britische Zone in seinem Urteil vom 13. 4. 1950 offensichtlich fortsetzen wollen (Band 4 Seite 66).

B. Für das Gebiet der Gesellschaften mit beschränkter Haftung [13]*).*

1. Urteil des II. Zivilsenats vom 5. 5. 1916 in Leipz. Zeitschrift 1916 Seite 1100.

   Das Urteil grenzt hier die Rechte wettbewerbtreibender Gesellschafter untereinander gerade aus ihrem gegenseitigen Treueverhältnis anläßlich der Prüfung der Rechtswirksamkeit von Gesellschafterversammlungsbeschlüssen ab.

2. Urteil des II. Zivilsenats vom 17. 6. 1940 in RGZ Band 164 Seite 257.

   Es handelt sich hier um die Übertragung von Mitwirkungsrechten eines untragbar gewordenen Gesellschafters auf einen Treuhänder.
   „Die Zulässigkeit einer derartigen aus dem Wesen der Gesellschaft und der Treupflicht ihrer Mitglieder abzuleitende Maßnahme kann schon um deswillen nicht bezweifelt werden ..."

---

[13]) Die Mittelstellung der Rechtsform der GmbH. zwischen der OHG einerseits und der reinen Kapitalgesellschaft in Gestalt der AG. andererseits macht sich auch durch das stärkere Hervortreten oder noch Hervortreten der persönlichen Verbundenheit der Gesellschafter bemerkbar und ist damit auch für eine verhältnismäßig frühzeitige Anwendung der hier behandelten Gedanken für das Gebiet der GmbH. bestimmend gewesen.

3. Urteil des II. Zivilsenats vom 21. 8. 1940 in DR 1940 Seite 2177:

   „Die Treupflicht . . . gilt erst recht für die Gesellschafter gegenüber einer GmbH."

4. Urteil des II. Zivilsenats vom 12. 10. 1940 in RGZ Band 165 Seite 68 ff. (Seite 79):

   „Es liefe der dem Gesellschafter obliegenden Treupflicht gegenüber der Gesellschaft zuwider, wenn er . . ."

5. Urteil des II. Zivilsenats vom 13. 8. 1942 in RGZ Band 169 Seite 390 ff.:

   „Daß die Ausschließung des Gesellschafters nur den letzten und äußersten Rechtsbehelf bilden kann . . . erfolgt aus der gesellschaftlichen Treupflicht . . .

   Eine Verpflichtung zur Anhörung des Gesellschafters vor seiner Ausschließung läßt sich aber auch aus der gesellschaftlichen Treupflicht ableiten."

Es sei hier eingefügt, daß der Bundesgerichtshof offensichtlich an dieser Gedankenfolge und der aus ihr von dem Reichsgericht notwendigen Judikatur festhält. In der Entscheidung des II. Zivilsenats des Bundesgerichtshofs vom 1. 4. 1953 [14]) heißt es hierzu:

„Daß die Ausschließung des GmbH.-Gesellschafters selbst beim Schweigen der Satzung rechtlich zulässig ist, läßt sich aus der Treupflicht ableiten . . .

. . . so obliegt den Gesellschaftern einer GmbH. doch eine echte nicht bloß aus dem Grundsatz von Treu und Glauben (§ 242 BGB) beinhaltende Treupflicht . . ."

C. *Für das Gebiet der Aktiengesellschaften.*

1. Urteil des II. Zivilsenats vom 4. 12. 1934 in RGZ Band 146 Seite 71 ff. (Seite 76):

   „Die Vorschrift des § 266 Abs. 1 Satz 2 HGB beruht bereits auf dem das heutige Staatswesen durchsetzenden Gemeinschaftsgedanken. Es sollte das Treueverhältnis der einzelnen

---

[14]) BGHZ Band 9 Seite 157.

Mitglieder einer Gemeinschaft gegenüber dieser im größeren Maße als bisher betont und zur Richtschnur für das Handeln der Einzelmitglieder gemacht ... werden ...“

2. Urteil des II. Zivilsenats vom 22. 1. 1935 in RGZ Band 146 Seite 385 ff. (Seite 395):

   „Seine Schranken findet dieses Anfechtungsrecht (§ 271 HGB) des Aktionärs jedoch dort, wo es mit der, das gesamte Aktienrecht beherrschenden und in der Aktienrechtsverordnung vom 12. 9. 1931 noch besonders betonten Treupflicht, die jedem Aktionär der Gesellschaft gegenüber obliegt, im Widerspruch steht. Der Aktionär ... ist gehalten, die Treupflicht gegenüber dieser Gemeinschaft zur obersten Richtschnur seines Handelns zu machen.“

3. Urteil des II. Zivilsenats vom 17. 6. 1938 in DR 1940/244:

   „Der erkennende Senat ... ist zu dem Ergebnis gelangt, daß der Bestand oder Fortbestand der schuldrechtlichen Bindung durch eine Abstimmungsvereinbarung mit der Treupflicht des Aktionärs gegenüber der Gesellschaft nicht unvereinbar ist.“

4. Urteil des II. Zivilsenats vom 21. 9. 1938 in RGZ Band 158 Seite 248 ff.:

   „Der erkennende Senat hat bisher eine Treupflicht der Aktionäre nur gegenüber der Aktiengesellschaft selbst bejaht ...“

Diese für das Aktienrecht des HGB ergangene Entscheidung deutet an, daß der Senat für das Aktienrecht des Gesetzes vom Jahre 1937 geneigt scheint, solche Treupflicht auch der Aktionäre untereinander anzunehmen.

Es hat sich also in der Rechtsprechung des Reichsgerichts im Laufe der Jahre ein ganz grundlegender Wandel vollzogen. Den Ausgangspunkt für diese Entwicklung bildet der Gedanke, daß das gesellschaftliche Mitwirkungsrecht der Beteiligten (im wesentlichen war diese Überlegung auf die wichtigste Erscheinungsform dieser Mitwirkungsbefugnis in Gestalt des Stimmrechts abgestellt), als solches losgelöst von dem gesellschaftlichen Bindungsverhältnis und dem freien Belieben der Beteiligten überlassen, existierte. Aus der Ablehnung des Hachenburgschen Gedankens, daß dieses Stimmrecht durch den Gedanken der Vorschriften von Treu und Glauben mindestens in seiner Ausübung eine Begrenzung finden müsse, entstand dann allmählich die inhaltliche Ausfüllung, Gestaltung und Richtungsbegrenzung für dieses Stimmrecht aus dem Gedanken von Treu und Glauben bis zur Entwicklung der gesellschaftlichen Treupflicht der Gesellschafter gegenüber der Gesellschaft und der Gesellschafter untereinander als die wesentlichste und beherrschende Grundlage der gesamten gesellschaftlichen Beziehungen.

Diese Entwicklungslinie der reichsgerichtlichen Rechtsprechung beweist mit aller Deutlichkeit, welch außerordentlich lebendiges und zwingendes Bedürfnis bestand und besteht, diesem gesellschaftlichen Mitwirkungsrecht der Beteiligten, praktisch vor allen Dingen dem Stimmrecht der Gesellschafter, einen konkreten Inhalt und eine zuverlässige Begrenzung zu geben. Die gedankliche Vorstellung der Abstraktheit und inhaltlichen Bindungslosigkeit eines solchen dem Gesellschafter zustehenden Rechts ließ sich mit seiner positiv-rechtlichen Erscheinungsform in den einzelnen gesetzlichen Regelungen zwar vereinbaren, ja sich aus ihnen ableiten; sie erwies sich aber als völlig ungeeignet, um von dieser Grundlage aus den Ablauf des gesellschaftlichen Lebens zu meistern und den harmonischen und gerechten Ausgleich der innerhalb der Gesellschaft gebundenen Interessengegensätze herbeizuführen.

VII

Dieser Entwicklung der reichsgerichtlichen Rechtsprechung entspricht die Behandlung des Problems in der Rechtslehre und in der Literatur. Es ist naheliegend, daß auch hier den Anstoß zu der Entwicklung des Treuegedankens und der grundlegend das gesamte Gesellschaftsrecht beherrschenden Treupflicht die Untersuchung der Personengesellschaften (OHG und KG) gab. Denn es ist unzweifelhaft, daß bei diesen Personengesellschaften neben der vermögensrechtlichen Bindung und Haftung der Gesellschafter gerade ihre persönliche Verbundenheit eine erhebliche Rolle spielt.

Hueck [1]) widmet dieser Treupflicht in seinem Buch: „Das Recht der Offenen Handelsgesellschaft" einen besonderen Abschnitt. Er betont ganz bewußt das Bestehen einer solchen allgemeinen Treupflicht für alle

[1]) Alfred Hueck: „Das Recht der Offenen Handelsgesellschaft", 1946, § 13 S. 105 ff. und 2. Auflage 1951 S. 120.

Gesellschafter der Offenen Handelsgesellschaft und zwar auch für diejenigen, die von der Geschäftsführung ausgeschlossen sind. Diese Treupflicht beherrscht das gesamte Gesellschaftsverhältnis. Er entwickelt aus dieser allgemeinen Treupflicht für jeden Gesellschafter — auch für den nichtgeschäftsführenden Gesellschafter — eine positive Verpflichtung, die z. B. sich gerade auch in der Pflicht zur positiven Zustimmung zu einem der Gesellschaft nützlichen Beschluß auswirkt [2]).

Während bei Geiler in der 9. Auflage des Staudingerschen Kommentars (1929) [3]) noch das aus dem Wesen der Gesellschaft fließende und im besonderen Maße von Treu und Glauben beherrschte Vertrauensverhältnis als allgemeine Gesellschafterpflicht behandelt wird, hat in seiner 10. Auflage dieses Kommentars [4]) diese Treupflicht bereits einen konkreteren Inhalt und Charakter angenommen. Sie ist zu einer wesentlichen Rechtsgrundlage des gesellschaftlichen Verhältnisses geworden, die eine Fülle positiver Leistungspflichten für die Gesellschafter begründet [5]).

Auch Weipert [6]) vertritt für alle Gesellschafter der Offenen Handelsgesellschaft — auch für die von der Geschäftsführung ausgeschlossenen — „ein besonderes Maß von Treuepflicht". Der Unterschied in der Auffassung von Weipert einerseits und von Geiler und insbesondere von Hueck andererseits tritt ganz deutlich hervor. Bei Hueck ist die Bedeutung des Treuegedankens bereits so stark entwickelt, daß die Treuepflicht als solche die unmittelbare Rechtsgrundlage geworden ist, aus welcher die einzelnen Pflichten und Regelungen erwachsen. Dagegen bestimmt bei Weipert diese Verpflichtung der Gesellschafter zur Treue gewissermaßen nur das Maß und die Intensität, mit der eine unabhängig hiervon bereits bestehende Verpflichtung durch den Gesellschafter zu erfüllen ist.

---

[2]) Hueck hat bereits in seinem Beitrag für die „Festschrift für Rudolf Hübner", 1935: „Der Treuegedanke im Recht der Offenen Handelsgesellschaft" die Bedeutung dieses Treuegedankens für den Bereich der OHG eingehend untersucht.

[3]) Geiler in „v. Staudingers Kommentar zum BGB", II. Band, 3. Teil, 9. Auflage, 1929, Anm. IV 2 c zu § 705 BGB.

[4]) Geiler in der 10. Auflage des gleichen Kommentars, 1935, Anm. 24 vor §§ 705 ff. und Anm. 57 zu § 705 BGB.

[5]) Vgl. auch Geiler in Düringer-Hachenburg: „Das Handelsgesetzbuch", 1932, Band II, 1. Hälfte Anm. 8.

[6]) Weipert in RGR Kommentar zum HGB, 2. Auflage, 1950, Anm. 31 zu § 105.

Würdinger [7]) sieht in der Treuepflicht mehr ein rechtsethisches Prinzip, dessen Inhalt nicht einheitlich zu umschreiben sei. Der Treuegedanke diene zur Ergänzung, Begrenzung und Auslegung der bestehenden Rechtsbeziehungen.

Gemeinsam ist allen diesen Auffassungen — und die Parallelität zu dem Bemühen und zu dem Weg der reichsgerichtlichen Rechtsprechung offenbart sich deutlich — die Erkenntnis, daß die positiven gesetzlichen Bestimmungen über die Gestaltung des Mitwirkungsrechts der Gesellschafter, insbesondere in Gestalt des Stimmrechts, in ihrer Abstraktheit und Bindungslosigkeit unbedingt einer inhaltlichen „Auffüllung", einer inhaltlichen Inbeziehungsetzung zu den die gesellschaftlichen Bindungen beherrschenden rechtlichen Grundgedanken bedürfen, um eine richtige = rechtliche Lösung der auftauchenden Konfliktprobleme zu ermöglichen.

Ähnlich ist die Entwicklung auf dem Gebiete der Kapitalgesellschaften innerhalb der Literatur und Rechtslehre. Nur stößt hier diese Inhaltsergänzung auf dem Wege der Verwirklichung des Treuegedankens auf weit größere Schwierigkeiten als im Bereiche der Personalgesellschaften. Verflüchtigt sich doch bei ihnen das hauptsächlichste Anknüpfungsmoment für die Entwicklung des Treuegedankens: die persönliche Verbundenheit der Gesellschafter, ja ihre grundsätzliche Tätigkeitsberechtigung und -verpflichtung hinsichtlich der Gestaltung der gesellschaftlichen Belange mehr und mehr. Je mehr die Unmittelbarkeit der Beziehung zwischen der gesellschaftlichen Beteiligung und Ausübung der Geschäftsführung schwindet, desto weniger natürlich und lebenswahr erscheint eine solche Treuepflicht als Bestandteil, mindestens aber als bedeutsamer Bestandteil der gesellschaftlichen Beziehung.

Trotz der unverkennbaren Mittelstellung der Gesellschaft mit beschränkter Haftung zwischen der Offenen Handelsgesellschaft einerseits und der Aktiengesellschaft andererseits [8]) ist für die Kapitalgesellschaften merkwürdigerweise der Treuepflichtgedanke zunächst auf dem Gebiete der Aktiengesellschaften entwickelt worden. Man war vielfach geneigt, bei der Gesellschaft mit beschränkter Haftung die abstrakte Natur des Stimmrechts zu bejahen und damit seine Ausübung der völlig freien Willensentschließung und dem persönlichen — und damit auch

---

[7]) Würdinger: Gesellschaften I. Teil „Recht der Personalgesellschaften" 1937 S. 38.

[8]) Baumbach-Hueck: „Kommentar zum Gesetz betr. die Gesellschaft mit beschränkter Haftung", VI. Aufl., 1953, Übersicht 2 B vor § 13.

außergesellschaftlichen — Interesse der Gesellschafter zu überlassen [9]). Langsam setzte sich dann der Gedanke durch, daß auch die aus dem Gesellschaftsvertrag oder überhaupt aus dem Gesellschaftsverhältnis entstehenden Rechte nach Treu und Glauben (§ 242 BGB) unzulässig sind und durch diese Vorschrift inhaltlich begrenzt werden [10]). So recht hat sich der Gedanke einer grundsätzlichen Treuepflicht für den Gesellschafter einer Gesellschaft mit beschränkter Haftung dieser gegenüber in der Literatur nicht durchgesetzt, obwohl die Rechtsprechung diese Treuepflicht sogar für den Bereich der Aktiengesellschaft in ständiger Rechtsprechung anerkannte [11]). Dieser Rückschluß von dem Recht der Aktiengesellschaft auf dasjenige der Gesellschaft mit beschränkter Haftung kommt besonders deutlich bei Baumbach-Hueck zum Ausdruck [12]): „Wer mit dem Reichsgericht für die Aktiengesellschaft die Treuepflicht bejaht, der muß sie erst recht für eine Gesellschaft mit beschränkter Haftung annehmen, da die Beziehungen hier enger sind."

Besonders lebhaft ist die theoretische Erörterung über das Bestehen oder Nichtbestehen und die Auswirkung einer solchen grundlegenden Treueverpflichtung im Bereich der Aktiengesellschaft gewesen. Die formalistische Erstarrung und Verkümmerung der Mitwirkungsrechte des Aktionärs, die beinahe zwangsläufig mit seiner zunehmenden „Entfernung" von der eigentlichen Führung der Geschäfte verbunden war, und damit der Zerfall seiner Mitwirkungsrechte in positiv gestaltete Einzel„rechte", mußte notwendig ein besonders lebhaftes Bedürfnis erwecken, über diese Einzelgestaltung hinaus einen grundsätzlichen Rechtsgedanken zu entwickeln, der eine inhaltliche Ausführung und Ergänzung dieser positiven Einzelregelungen ermöglichte. Diesen Grundgedanken glaubte man vielfach in einer solchen grundsätzlichen Treuepflicht des

---

[9]) So z. B. Brodman: „Gesetz betreffend die Gesellschaft mit beschränkter Haftung", 1924, Anm. 2 zu § 13. Scholz: „Kommentar zum GmbH.-Gesetz", 3. Aufl., 1951, Anm. 7. In diesem Sinne ist wohl auch die Auffassung von Staub-Hachenburg „Kommentar zum GmbH.-Ges.", 3. Aufl., 1909, Anm. 25 zu § 17 zu verstehen, wenn dort lediglich der Mißbrauch dieses Stimmrechts als Voraussetzung einer Schadensersatzfolge nur aus § 826 BGB behandelt wird (vgl. auch dort Anm. 21).

[10]) So etwa Hachenburg: „Kommentar zum GmbH.-Gesetz", 5. Aufl., 1927, § 47, Anm. 21. Baumbach-Hueck: „Kommentar zum Gesetz betreffend die Gesellschaften mit beschränkter Haftung", 6. Aufl., 1953, § 47, Anm. 3 B.

[11]) Z. B. RGZ Band 146 S. 76, Band 146 S. 394, Band 158 S. 248.

[12]) Baumbach-Hueck: „Kommentar zum Gesetz betr. die Gesellschaften mit beschränkten Haftung", 6. Aufl., 1953, Übersicht vor § 13, 2 B.

Aktionärs gegenüber der Aktiengesellschaft zu finden. Es kam hinzu — auch die Dinge des Rechts sind nur ein Ausdruck der jeweiligen allgemeinen kulturellen und zivilisatorischen Entwicklung —, daß in den Jahren nach 1933 unverkennbar ein Zug hervortrat, das persönliche Element auch in dem Wirtschaftsleben zu betonen und neu zu beleben. Diese Neigung fand ja ebenso einen typischen Ausdruck in dem Gesetz über die Umwandlung von Kapitalgesellschaften [13]) wie in der steuerlichen Benachteiligung der Kapitalgesellschaften. Es lag nahe, daß dieser Gedanke der Förderung der persönlichen Verantwortung geeignet war, auch den Gedanken der Treuepflicht zu fördern.

Sieht man von den Übertreibungen dieser zeitbedingten Betonung der persönlichen Treuepflicht ab, wie sie z. B. in dem Versuch von Fechner [14]) auf die Spitze getrieben sind, der versucht hat, diese Treuepflicht aus der Stellung der Aktiengesellschaften in der Volksgemeinschaft abzuleiten, so überwiegt doch in der Rechtslehre und Literatur ganz offensichtlich die Zurückhaltung gegenüber diesem von dem Reichsgericht entwickelten Grundsatz der Treuepflicht des Aktionärs als Grundlage für die gesellschaftlich-rechtlichen Beziehungen innerhalb der Aktiengesellschaft [15]). Mindestens tritt ganz überwiegend eine erhebliche Skepsis gegenüber den Möglichkeiten hervor, aus dieser Treuepflicht konkrete Anhaltspunkte für die Gestaltung und Begrenzung der gesellschaftlichen Mitwirkungsrechte zu gewinnen.

Selbst diejenigen Kommentatoren, die auch bei den Aktiengesellschaften die Existenz einer solchen Treuepflicht der einzelnen Aktionäre gegenüber der Aktiengesellschaft bejahen und diese Treuepflicht wie Würdinger [16]) aus der Zweckgemeinschaft der Beteiligten mit dem Verband ableiten, oder wie Teichmann-Köhler [17]), welche diese Treue-

---

[13]) Die Präambel des Gesetzes über die Umwandlung von Kapitalgesellschaften vom 5. 7. 1934 lautet: „Um in geeigneten Fällen die Abkehr von anonymen Kapitalformen zur Eigenverantwortung des Unternehmers zu erleichtern, hat die Reichsregierung das folgende Gesetz beschlossen ..."

[14]) Erich Fechner: „Die Treuebindung des Aktionärs", 1942, Seite 59 ff.

[15]) Z. B. grundsätzlich ablehnend v. Godin-Wilhelmi: „Gesetz über die Aktiengesellschaft", 2. Aufl., 1950, Anm. 2 zu § 1; ablehnend und zurückhaltend ferner Baumbach-Hueck: „Aktiengesetz", 3. Aufl., 1951, Anm. 2 B, in der Übersicht vor § 48 (vgl. auch § 114, Anm. 2), Schlegelberger-Quassowski: „Aktiengesetz", 1937, § 1, Anm. 5.

[16]) Würdinger, Hans: Gesellschaften II. Teil: „Recht der Kapitalgesellschaften", 1943, S. 13.

[17]) Teichmann-Köhler: „Aktiengesetz", 3. Auflage, 1950, § 48, Anm. 5.

pflicht aus dem Mitgliedschaftsrecht der Aktionäre herleiten, kommen in der praktischen Auswertung dieses Gedankens nicht zu einer nennenswerten Abweichung.

Überblickt man die Behandlung dieses Problems in der Literatur, so tritt ganz deutlich zweierlei hervor. Einmal ist ganz offenbar ein zwingendes Lebensbedürfnis vorhanden, die jeweils positiv gesetzlichen Einzelgestaltungen der gesellschaftlichen Mitwirkungsbefugnis, gleichgültig, ob sie uns im Einzelfall als Stimmrecht, als Widerspruchsrecht oder in sonstiger Weise entgegentreten, auf einen einheitlichen rechtlichen Grundgedanken zurückzuführen [18]).

Zum anderen ist ebenso deutlich das Bestreben erkennbar, gerade diese positiv-rechtlichen Einzelgestaltungen aus diesem rechtlichen Grundgedanken heraus mit einem konkreten, seinem Wesen und seinen Grenzen nach zu bestimmenden Inhalt zu erfüllen.

Es fragt sich nun, ob die Vorstellung von Treu und Glauben und eine das gesamte Gesellschaftsrecht und zwar in den einzelnen Gesellschaftstypen mit unterschiedlicher Intensität beherrschende allgemeine Treuepflicht geeignet ist, praktisch brauchbare, exakt faßbare und damit objektiv feststell- und nachprüfbare Inhaltsbestimmungen für diese Begrenzung der gesellschaftlichen Mitwirkungsrechte zu finden. Jeder, der einmal vor die Notwendigkeit gestellt war, aus dem Mosaik der Rechtsprechung und der in der Literatur vertretenen Auffassungen eine solche Abgrenzung vorzunehmen, wird diese Frage mit absoluter Sicherheit verneinen müssen.

VIII

Es ist heutzutage gegenüber dem Mißbrauch, den der Gesetzgeber und vor allen Dingen die tägliche Praxis des Rechtslebens mit dem Begriff oder besser mit dem Schlagwort von Treue und Treu und Glauben getrieben haben und täglich treiben, nicht ganz einfach, sich darüber klar zu werden, was „man" eigentlich sich hierunter vorzustellen

---

[18]) Diese Einheitlichkeit dieser gesellschaftlichen Rechte, gleichwie in welcher äußeren, positiv gesetzlichen Form sie in die Erscheinung treten, hat, soweit ich sehe, zum ersten Male Ludwig in seinem Aufsatz: „Grenzen des Stimmrechts des geschäftsführenden Gesellschafters einer Offenen Handelsgesellschaft" in JW 1925 S. 2586 betont.

gewohnt ist. Es dürfte nur selten vorkommen, daß in einem gerichtlichen Aktenstück, sei es der streitigen, sei es der freiwilligen Gerichtsbarkeit, dieser Begriff nicht mindestens einmal, oder in den Schriftsätzen und Eingaben oder in der Begründung der Entscheidung auftaucht. Schon dieses Übermaß in der Verwendung dieser Worte und Begriffe muß die berechtigte Skepsis wachrufen, ob es überhaupt möglich ist, eine Rechtsvorstellung zu verwenden, die nach ihrer Verwendungsvielfalt geradezu geeignet sein müßte, als eine Art Generalschlüssel für die Lösung nahezu aller Probleme zu dienen, für die nicht gleich eine passende positivrechtliche Bestimmung vorhanden (oder besser: gegenwärtig) ist, oder für die die vorhandene positiv-rechtliche Regelung nicht im Einklang mit dem Rechtsgefühl des Beurteilers steht.

Allein die Tatsache dieses Übermaßes der Verwendung dieser Begriffe von Treue und Treu und Glauben zeigt zum mindesten, daß mit diesen Begriffen eine wirklich exakte Klarstellung oder überhaupt nur eine exakte und konkrete Vorstellung nicht mehr verbunden sein kann.

Diese begriffliche Klarstellung und Begründung ist ersetzt durch eine scheinbare und äußerliche begründungsähnliche Verschleierung, die in Wirklichkeit nur den subjektiven Willen des Beurteilers, sein subjektives Rechtsgefühl, an die Stelle einer exakten Wertung und Entscheidung stellt.

Versucht man zunächst, um eine solche allgemeine Treuepflicht inhaltlich zu umreißen, sich wortmäßig diese Treuepflicht klarzumachen, so bietet die darin enthaltene „Pflicht“ die geringeren Schwierigkeiten. Es ist ohne weiteres klar, daß diese Pflicht nur im Sinne einer echten rechtlichen Verpflichtung gemeint sein kann. Denn aus dieser Pflicht wird ja für die Beteiligten zwingend — und diese rechtlich-bindend — die Abgrenzung einer gesellschaftlichen Mitwirkungsbefugnis vorgenommen. Eine Rechtsausübung außerhalb dieser „Pflicht“ ist rechtswidrig. Sie kann einmal nicht zu dem beabsichtigten Erfolg, also zu dem Zustandekommen des Beschlusses oder zur Verhinderung des Geschäftsführungsaktes führen. Sie kann auch, wie es die Eigenart rechtswidrigen Verhaltens oder Unterlassens bildet, die Schadensersatzfolge auslösen.

Bedeutend größere Schwierigkeiten bereitet eine eindeutige und exakte Erfassung des weiteren Wortbestandteils, nämlich der „Treue“.

Schon in der sprachlichen Entwicklung der vergangenen Jahrhunderte hat der Inhalt dessen, was man jeweils unter dem Wort „Treue“

verstand und mit ihm zum Ausdruck bringen wollte, unzweifelhaft wesentliche Veränderungen erfahren [1]).

In der vorliterarischen Zeit bedeutete „Treue" eine feste gegenseitige Abmachung, einen bindend sein sollenden Vertrag, häufig ein Bündnis im eigentlichen Sinne überhaupt. Dementsprechend hat sich im 15. und 16. Jahrhundert die Übung ausgebildet, Verträge „mit" oder „bei Hand gegebener Treue" abzuschließen [2]). Der Zweck, welcher mit der Verwendung einer solchen Formel verfolgt wurde, bestand offenbar darin, den Charakter der rechtlichen Bindung, also das Stetige und Feste eines solchen Abschlusses zu betonen, wie es vielleicht heute noch in unserer Rechtsprache in dem 2. Buch, 2. Abschnitt, 3. Titel des BGB in der Titelüberschrift: „*Versprechen* der Leistung an einen Dritten" anklingt.

Während anfänglich die „Treue" die Bezeichnung für die feste Abmachung als solche, für die dauernde feste Rechtsbindung war, also etwa die Bezeichnung für eine konkrete Handlung bedeutete, scheint sich langsam aus diesen konkreten Zusammenhängen das diesen eigentümliche und diese kennzeichnende gelöst und zu etwas Abstraktem, etwas der typischen Eigenart eines Menschen und seines Verhaltens eben in Beziehung auf die Festigkeit und Stetigkeit seines Verhaltens entwickelt zu haben. Denn wir finden im Mittelalter die Treue als „Kernbegriff im ritterlichen Tugendsystem" [3]).

Abgestellt auf die Frage, welche Bedeutung die Treue für das Recht solcher gesellschaftlichen Beziehungen besitzen kann, wird man sich also vergegenwärtigen müssen, daß der ursprüngliche innige Zusammenhang zwischen Treue und fester Bindung, ihre Identität eine wesentliche Auflockerung und Lösung erfahren hat. Die Bedeutung der Treue als die Bezeichnung von etwas Festem und Verbindlichem tritt zurück. Die Treue hat sich aus dem konkreten Einzelzusammenhang gelöst und tritt uns in Gestalt einer abstrakten Eigenschaft als Kennzeichnung für menschliches Verhalten und menschliche Einstellung eben gegenüber solchen Bindungen entgegen.

---

[1]) Über den Sinngehalt des Wortes „Treue" und seiner Abwandlung im Laufe der Entwicklung vergleiche man: 1. Jakob und Wilhelm Grimm: „Deutsches Wörterbuch", 1854, Band 11, Abtl. 1, Teil 2, S. 286 ff. 2. Moritz Heyne: „Deutsches Wörterbuch", 1895, III. Band R—Z, S. 1039. 3. Erich Fechner: „Die Treubindung des Aktionärs", 1942, Kap. I, mit den dort wiedergegebenen Literaturzitaten.

[2]) Vgl. Erich Fechner a. a. Q., Seite 7.

[3]) Vgl. Jakob und Wilhelm Grimm a. a. Q., Seite 286, Moritz Heyne a. a. Q., Seite 1039 und Erich Fechner a. a. Q., Seite 7.

Würdinger [4]) hat dies offenbar deutlich empfunden, wenn er die Treuepflicht mit einem rechtsethischen Prinzip gleichsetzt und den Treuegedanken lediglich zur „Begrenzung, Ergänzung und Auslegung der *bestehenden Rechtsbeziehungen*" [5]) als geeignet erklärt. Wenn wir unbefangen den Sprachgebrauch unseres täglichen Lebens beobachten, so dürfte kaum zu bezweifeln sein, daß dieser Sprachgebrauch grundsätzlich zwischen der Erfüllung einer Rechtspflicht und dem Festhalten an einer solchen Rechtspflicht einerseits und der treuen Erfüllung einer solchen Pflicht andererseits unterscheidet. Die Sprache pflegt eine solche Erfüllung oder ein solches Festhalten an einer solchen Pflicht nur dann mit dem Wort Treue zu bezeichnen und damit auch zu werten, wenn in dem Erfüllen oder Festhalten eine das normale Maß übersteigende Leistung liegt und gerade diese gesteigerte Leistung anerkannt werden soll.

Darüber kann auch die Formulierung des Leistungsanspruchs in dem § 242 BGB:

> *„... so zu bewirken, wie Treu und Glauben mit Rücksicht auf die Verkehrssitte es erfordern"*,

nicht hinwegtäuschen. In dieser Formulierung des § 242 BGB treten sich zwei, unter Umständen gegensätzliche und damit zum harmonischen Ausgleich drängende Gedanken gegenüber. Einmal handelt es sich um das Interesse des Leistungsgläubigers an dem Festhalten an der zu seinen Gunsten eingegangenen Bindung des Schuldners — hier hat die Treue den Sinn der festen und verbindlichen Abmachung — und die Betonung des Glaubens, den der Gläubiger „bei dem Schuldner gelassen hat". Zum anderen und unter Umständen gegensätzlich hierzu handelt es sich darum, wie „man" die Verkehrssitte, also die Verkehrsauffassung der Allgemeinheit, die inhaltliche Bestimmung oder auch Abwandlung des ursprünglich vereinbarten Leistungsinhalts für richtig, das heißt für „recht" hält [6]). Die Treue im Sinne dieser Bestimmung des § 242 BGB ist also niemals die Rechtsgrundlage, aus der ein Anspruch entspringt, sondern nur einer der Faktoren, welche den Inhalt

---

[4]) Würdinger, Gesellschaften I. Teil „Recht der Personalgesellschaften", 1937, S. 38, derselbe in II. Teil „Recht der Kapitalgesellschaften", 1943, S. 13.

[5]) Die Hervorhebung ist hier zum Zwecke der Verdeutlichung eingefügt.

[6]) Man vergleiche die ausgezeichnete und zusammenfassende Darstellung über die Entwicklung des Gedankens der Clausula rebus sic stantibus in der Rechtslehre und Rechtsprechung in dem Gutachten von Gerhard Kegel für den 40. Deutschen Juristentag in Hamburg 1953.

oder den Umfang eines an sich existenten Rechtsanspruchs unter Umständen beeinflussen kann.

Nun existiert ohne Zweifel ein Rechtsgebiet, auf welchem die Lösung der Treue aus dem ursprünglichen konkreten rechtlichen Zusammenhang und ihre Entwicklung zur abstrakten Eigenschaft menschlichen Verhaltens nicht oder zum mindesten erheblich weniger weit erfolgt ist. Es ist dies das Gebiet der Dienstverträge, also im weitesten Sinne das Gebiet des Arbeitsrechts.

Nikisch widmet der Treuepflicht in dem Arbeitsverhältnis mit Recht ein eigenes Kapitel [7]). „Solange man das Arbeitsverhältnis als Schuldverhältnis ansah, war für die Treuepflicht kein Raum" [8]) [9]). Nur als ein Schuldverhältnis betrachtet, würde es zwar wie jedes andere Schuldverhältnis hinsichtlich der geschuldeten (Dienst-) Leistung auch durch den Grundsatz des § 242 BGB inhaltlich bestimmt werden. Erst mit der Erkenntnis von der Rechtsnatur eines solchen Arbeitsverhältnisses als eines Gemeinschaftsverhältnisses konnte der Gedanke einer Treuepflicht Bedeutung erlangen.

Dies ist sicherlich richtig. Wenn auch mit einem Unterschied an Intensität — der zweifellos durch den Gehalt an persönlicher Bindung bestimmt wird —, so ist doch die Verwandtschaft oder Parallelität der Beziehungen zwischen Ritter und Knappe einerseits und Meister und Geselle andererseits unverkennbar. Beide Rechtsverhältnisse erschöpfen sich nicht in der Erfüllung der Dienstleistung als solcher (und Fürsorge andererseits), sondern beiden Rechtsverhältnissen ist wesensmäßig gerade auch die Intensität der Art der Erfüllung im weitesten Sinne eigen, eben das, was in ursprünglicher Bedeutung die Treue im Sinne der zuverlässigen festen Abmachung typisch zum Ausdruck brachte.

Für beide Rechtsbeziehungen ist neben der rein äußerlichen Leistungsbewirkung eben das — wenn auch im typischen Arbeitsverhältnis wesentlich abgeschwächt — notwendiger Bestandteil der Rechtsbeziehungen, was aus der Treue im ursprünglichen Sinne zur Abstrahierung der Treue als zu bewährender menschlicher Eigenschaft Anlaß gegeben hat.

---

[7]) Arthur Nikisch: „Arbeitsrecht" 1951, § 125.

[8]) Vgl. auch Jakobi: „Grundlehren des Arbeitsrechts" 1927, S. 54 und Hueck-Nipperdey: „Lehrbuch des Arbeitsrechts", 3. bis 5. Aufl., 1932, Bd. 2, S. 18.

[9]) Arthur Nikisch: a. a. Q., § 125 I 1.

Selbst wenn man für die ritterliche Tugendlehre die „Leistung“ oder Bewährung der Treue als Hauptsinn und -zweck annehmen will, so stellt diese erhaltene, aber doch wesentlich abgeschwächte und abgewandelte Treuepflicht im Rahmen des Arbeitsverhältnisses doch keineswegs eine eigene und selbständige Rechtsgrundlage dar, aus der unmittelbar und ursprünglich selbständige Rechte und Pflichten für die Beteiligten erwachsen können. Auch diese Treuepflicht vermag nur die aus dem Arbeitsverhältnis begründeten Rechte und Pflichten zu intensivieren oder in ihrer Bedeutung zu unterstreichen.

Eine gewisse Ähnlichkeit zwischen einem solchen Arbeitsverhältnis und dem Mitarbeitsverhältnis, wie es zwischen den zur Geschäftsführung berufenen Gesellschaftern einer Offenen Handelsgesellschaft besteht, ist sicherlich nicht von der Hand zu weisen, wenn auch in der Regel einem solchen Mitarbeitsverhältnis zwischen den Gesellschaftern einer OHG das für das Arbeitsverhältnis typische Unterordnungsverhältnis fehlen wird. Deshalb lag es auch sehr nahe, bei einer solchen OHG gerade aus der Verpflichtung zur gemeinschaftlichen Geschäftsführung die Treuepflicht herzuleiten oder mindestens dieser Verpflichtung einen etwas konkreten Inhalt zu geben. Hueck hat also mit Recht hervorgehoben [10]), daß die gesellschaftliche Treuepflicht und damit die Pflicht der Gesellschafter, die Gesellschaftsinteressen zur Richtschnur für ihr Handeln zu nehmen, dort ihre Grenze findet, wo eben diese Rechtspflicht nicht mehr durch das Versprechen im Gesellschaftsvertrage gedeckt wird [11]).

Wir dürfen daraus die Folgerung ziehen, daß die *Treue* innerhalb einer solchen gesellschaftlichen Beziehung und insbesondere bei der Erfüllung der durch den gesellschaftlichen Zusammenschluß hervorgerufenen Verpflichtungen nur einen Faktor für die rechtsethische Wertung des Erfüllungsvorgangs darstellt. Die Treue reicht oder wächst in den Bestand der *rechtlichen Verpflichtungen* eines solchen Gesellschaftsverhältnisses nur dann mit hinein, wo diese Rechtsverpflichtungen den Charakter des Arbeits- oder Mitarbeitsverhältnisses gewinnen. Selbst dann ist die „Treue“ aber nur von beeinflussendem Charakter für diese Rechtsbeziehungen, sie hat niemals rechtsbegründenden Charakter. Die Treuepflicht, soweit bei dieser Problematik die Treue überhaupt den Gegenstand echter rechtlicher Verpflichtung bilden kann, bildet dem-

---

[10]) Alfred Hueck: „Das Recht der OHG“, 1946, § 13, Zi. 3, S. 106.

[11]) Ob dieses ausschließliche Abstellen auf den Gesellschaftsvertrag als solchem die Bindungen erschöpft, wird nachstehend noch einer Untersuchung bedürfen.

nach niemals eine echte und selbständige Grundlage für die Begründung von Rechten und Pflichten der Gesellschafter untereinander und gegenüber der Gesellschaft.

Eine Rechtsvorstellung, aus der heraus die Abgrenzung bestimmter und für die Beteiligten in der Regel bedeutsamer Rechte und Pflichten sich entwickeln lassen soll, muß aber auch, wenn sie nicht nur eine Selbsttäuschung, ein „Vordergrundbegriff" sein soll, hinter dem sich unausgesprochen die aus der subjektiven Sphäre stammenden wirklichen Gründe verbergen, geeignet sein, die Grundlage für die Bestimmung dieser Abgrenzung der Rechte und Pflichten zu geben. Daran fehlt es bei dem für alle Typen des Gesellschaftsrechts von der Rechtsprechung entwickelten Treuegedankens und der Treuepflicht völlig.

Besonders kraß tritt das auf dem Gebiet der Aktiengesellschaft in die Erscheinung. Es bedeutet eine mit den Tatsachen und der Lebenswirklichkeit nicht übereinstimmende Unterstellung, wenn man dem typischen Publikumsaktionär, in dessen Händen sich ein ganz erheblicher Teil der Aktien befindet, die Kenntnis und das Bewußtsein unterstellt, daß er „Gesellschafter" ist und gesellschaftliche Rechte und Pflichten aus diesem Aktienbesitz, verstärkt durch diese angebliche Treuepflicht, innehat. Für den typischen Publikumsaktionär ist die Aktie nicht ein Instrument für seine Beteiligung an dem gesellschaftlichen Leben des Unternehmens, sondern sie ist für ihn nur ausschließlich eine Vermögensanlage, Form der Kapitalanlage.

Wenn schon diesem Publikumsaktionär auch nur die Vorstellung einer solchen Beteiligung fehlt, wie soll ihm dann eine Treue oder gar Treuepflicht für diese ihm typisch nicht bekannten und nicht bewußten gesellschaftlichen Funktionen auferlegt werden können? Man mag sich zu der sprachlichen und parallel dazu rechtlichen Bedeutung der Treue im Laufe der vergangenen Jahrhunderte einstellen wie man will, auf jeden Fall wird man zugeben müssen, daß diesem Gedanken der Treue im Sinne der Idee „der besonderen Feste" die Vorstellung einer gegenüber dem normalen Maß gesteigerten Pflichterfüllung innewohnt. Ihre Anwendung muß also dann immer innerlich unwahr und darum falsch sein, wenn die Voraussetzungen für die „besondere Feste", für die gesteigerte Pflichterfüllung, nämlich das Bewußtsein einer solchen rechtlichen Verpflichtung im Sinne der echten gesellschaftlichen Beteiligung, typischerweise überhaupt fehlt.

Betrachtet man die übrigen Typen unseres Gesellschaftsrechts, so wird für diese, mit mannigfachen Unterschieden und Abschwächungen, gleichgültig, ob die gesellschaftliche Beteiligung in Gestalt eines Geschäftsanteils in einer GmbH., in einer Kommanditeinlage oder in einer Kapitaleinlage eines persönlich haftenden Gesellschafters bei der OHG besteht, ähnliches zutreffen, soweit nicht eine unmittelbare Beteiligung des Gesellschafters an dem gesellschaftlichen Leben, z. B. durch seine aktive Mitarbeit gegeben ist. *Typisch* wird in der Lebenswirklichkeit — und auf die typische Lage dürfte es entscheidend ankommen — mehr oder weniger entscheidend die Kapitalanlage als solche empfunden, während die Vorstellung einer echten gesellschaftlichen Bindung und Mitwirkungsberechtigung in der Regel in dem Bewußtsein und dem Vorstellungskreis der Beteiligten bis zur völligen Verkümmerung zu verschwinden pflegt.

Die Lebenswirklichkeit empfindet eine solche echte gesellschaftliche Beteiligung typisch nur dort, wo die Voraussetzungen für eine echte Mitwirkung im gesellschaftlichen Leben vorhanden sind, wo überhaupt erst die „Nähe“ zu den Geschäftsvorfällen die unmittelbare Einblicks- und Erkenntnismöglichkeit gestattet.

IX

Die Treuepflicht scheidet daher als geeigneter Faktor für die Bestimmung des Inhalts und der Grenzen der gesellschaftlichen Mitwirkungsbefugnisse aus. Das ist um so notwendiger als — was bei der Gestaltung unseres Rechtssystems unvermeidbar ist — ohnehin die Ausübung solcher gesellschaftlichen Mitwirkungsbefugnisse notwendig als Form und Art einer wirtschaftlichen und rechtlichen Machtausübung der Prüfung und Kontrolle nach dem Gesichtspunkt des Verstoßes gegen die guten Sitten (§ 138 BGB) unterliegt. Es überschneiden sich also, wenn man den Treuegedanken als erheblichen Faktor für die Inhaltsbestimmungen und Abgrenzungen der gesellschaftlichen Mitwirkungsbefugnisse in Betracht ziehen will, zwei verschiedene, aber beide vorwiegend in der Sphäre des Subjektiven liegende Gesichtspunkte. Sie müssen nicht nur notwendig — und die Judikatur verweist sie ebenso wie die Kommentare — zu einem nahezu unübersehbaren Mosaik kasuistischer Gesichtspunkte führen, innerhalb deren eine zuverlässige Orientierung einfach nicht mehr möglich ist.

Die unausbleibliche Folge ist um so bedauerlicher, als hierunter nicht nur die Möglichkeit der Beteiligten — ich möchte sagen der Betroffenen — zu einer zuverlässigen Orientierung über diese Inhaltsbestimmung und Grenzziehung leidet, sondern als die zu einem gesunden Ablauf des gesellschaftlichen Lebens unerläßliche scharfe Kontrolle des Machtmißbrauchs nach dem Gesichtspunkte des Sittenverstoßes außerordentlich beeinträchtigt wird.

Eine gesellschaftliche Mitwirkungsbefugnis trägt wesensmäßig immer die Gefahr eines Mißbrauchs der in ihr zum Ausdruck gelangenden Macht in sich. Sie wird ja immer ausgeübt, um eine bestimmte Gestaltung der gesellschaftlichen Dinge, z. B. durch eine entsprechende Willensbildung der Gesellschaft, zu erzielen. Sie drängt daher begrifflich in dem Gegensatz der bestehenden Meinungsverschiedenheiten zum Einsatz, und zwar zu dem vollen Einsatz der in ihr ruhenden Stärke und Macht. In jeder Machtausübung liegt aber die Gefahr der Überspannung der Macht, des Machtmißbrauchs, einbegriffen. Nichts wirkt sich aber so rechtszerstörend und rechtsfeindlich aus, wie der Mißbrauch des Rechts. Deshalb hat die Bekämpfung eines solchen Machtmißbrauchs durch Übersteigerung der gesellschaftlichen Mitwirkungsbefugnis für den Ablauf des gesellschaftlichen Lebens, und damit für den richtigen = rechtlichen und harmonischen Ausgleich der Interessengegensätze, eine ganz entscheidende Bedeutung.

Das Charakteristische eines solchen Machtmißbrauchs in Gestalt der sittenwidrigen Ausübung der gesellschaftlichen Mitwirkungsbefugnisse liegt aber häufig darin, daß die Ausübung z. B. des entsprechenden Stimmrechts als solchem äußerlich richtig und ordnungsmäßig erscheint. Der in einer solchen Stimmausübung liegende Machtmißbrauch, ihre Sittenwidrigkeit, ergibt sich nicht selten aus dem — meist nicht offen liegenden — von ihr verfolgten Zweck oder aus ihrer Auswirkung auf die Rechtssituation der Gesellschaft oder der übrigen Gesellschafter, der überstimmten Minderheit. Der II. Zivilsenat hat anläßlich der Entscheidung über einen aktienrechtlichen Anfechtungsprozeß in seinem Urteil vom 30. 3. 1926 [1]) hierzu überzeugend ausgeführt:

> *„Es (nämlich das Berufungsgericht) geht in Übereinstimmung mit der Rechtsprechung des Reichsgerichts (vgl. RGZ Bd. 107*

[1]) RGZ Band 113, Seite 188 ff. (insbesondere Seite 193).

S. 72 und S. 202; Bd. 112 S. 14) davon aus, daß es hierbei nicht so auf den äußeren Inhalt und die formale Rechtsbeständigkeit des Beschlusses ankomme als auf die aus dem Zusammenhang der einzelnen Maßnahmen sich ergebenden Wirkung für die Gesellschaft selbst und die nicht zur Mehrheit gehörenden Aktionäre, auf die Beweggründe und den Zweck des Vorgehens der Mehrheit; ein Verstoß gegen die guten Sitten liegt dann vor, wenn die Mehrheit bei ihrem Vorgehen ohne Rücksicht auf das Wohl der Gesellschaft eigensüchtige Zwecke auf Kosten der Minderheit verfolge."

— Diese Ansicht wird von dem Senat gebilligt. —

Zu dem gleichen Problem hatte der II. Zivilsenat anläßlich eines anderen aktienrechtlichen Falles in seinem Urteil vom 23. 10. 1925 [2]) ausgeführt:

„Das Oberlandesgericht geht dabei im Anschluß an RGZ Band 107 Seite 72 zutreffend davon aus, daß es für die Frage, ob der Generalversammlungsbeschluß einen Verstoß gegen die guten Sitten enthalte, nicht allein auf seinen äußeren Inhalt und seine formale Rechtsbeständigkeit ankomme, sondern daß dabei auch die aus dem Zusammenhang der einzelnen Maßnahmen sich ergebende Wirkung für die Gesellschaft selbst und die nicht zur Mehrheit gehörenden Aktionäre, auf die Beweggründe und den Zweck des Vorgehens der Mehrheit entsprechendes Gewicht zu legen sei."

In der vorstehend wiederholt erwähnten Entscheidung Band 102 Seite 72 ff. [3]) führt der II. Senat wörtlich aus (Seite 76):

„Auch die von den Klägern behaupteten formellen Verstöße, mögen sie einzeln für sich betrachtet nicht gesetzwidrig sein, mußten unter dem einheitlichen Gesichtspunkt der Sittenwidrigkeit geprüft werden."

In einem weiteren Urteil (Anfechtung eines Beschlusses einer Gewerkenversammlung) vom 20. 10. 1923 [4]) hat der V. Zivilsenat in ähn-

---

[2]) RGZ Band 112, Seite 14 ff. (insbesondere Seite 16).

[3]) Urteil vom 22. 6. 1923.

[4]) RGZ Band 107, Seite 202 ff.

licher Weise Stellung genommen und dabei grundsätzlich die Verantwortung der Mehrheit gegenüber der Minderheit positiv betont:

> *„Wenn auch in einer Reihe von Entscheidungen des Reichsgerichts auf dem Gebiete der Handelsgesellschaften die Auffassung vertreten ist, daß die Mehrheit des Aktienbesitzes oder der Geschäftsanteile darüber zu bestimmen hat, was im Interesse der Gesellschaft liegt, und daß die Minderheit sich dem Willen der Mehrheit unterwerfen muß (RGZ Bd. 68 S. 235, S. 245, S. 314; Bd. 81 S. 37, Bd. 85 S. 170; Holdheims Monatsschrift Bd. 23 S. 66), so ist damit noch keineswegs zugleich ausgesprochen, daß die Mehrheit die Macht schrankenlos ausbeuten und vorsätzlich zum Nachteil der Gesellschaft handeln dürfte; vielmehr ist in diesen und anderen Entscheidungen (RGZ Bd. 68 S. 314, S. 317; JW 1916 S. 575 Nr. 3; RGU vom 22. 6. 1923 S. 72 dieses Bandes) anerkannt, daß eine Ausbeutung der Mehrheitsrechte gegenüber der Minderheit und die Verfolgung eigensüchtiger Interessen hierbei unter bewußter Hintansetzung des Wohles der Gesellschaft einen Verstoß gegen die guten Sitten enthalten kann."*

Diese Rechtsprechung ist für die Behandlung eines Sittenverstoßes eines Gesellschafterbeschlusses maßgebend geworden [5]). Wenn die bisher zitierten Entscheidungen auf dem Gebiete des Aktienrechts und Gewerkenrechts ergangen sind, so ist es unzweifelhaft, daß hier grundsätzliche Fragen *des* Gesellschaftsrechts überhaupt behandelt sind, die in gleicher Weise auch für die Gebiete der Offenen Handelsgesellschaft, der Kommanditgesellschaft und der Gesellschaft mit beschränkter Haftung zu behandeln und zu lösen sind [6]).

Schon diese vorstehend behandelten Entscheidungen ergeben die ungewöhnliche Bedeutung dieses Problems der Sittenwidrigkeit von Gesellschafterbeschlüssen für das gesamte Gesellschaftsrecht. Sie zeigen aber auch die außerordentliche Gefahr, die für eine konsequente Durchführung dieser Rechtsprechung in der Überschneidung dieses Problems

---

5) Vgl. z. B. auch das Urteil des II. Zivilsenats des Bundesgerichtshofs vom 28. 1. 1953 in BGHZ Bd. 8 S. 348.

6) RGZ Bd. 68 S. 235, RGZ Bd. 68 S. 314, RGZ Bd. 82 S. 182; RGZ Bd. 107 S. 72, RGZ Bd. 107 S. 202, RGZ Bd. 112 S. 14; RG in JW 1926 S. 543; RGZ Bd. 113 S. 188, RGZ Bd. 119 S. 248, RGZ Bd. 122 S. 159.

mit dem Versuch liegt, aus einer Treuepflicht heraus die inhaltliche Bestimmung und Abgrenzung der gesellschaftlichen Mitwirkungsrechte zu gewinnen.

X

Die gesellschaftliche Mitwirkungsbefugnis eines Gesellschafters — gleichgültig bei welcher Art gesellschaftlichen Zusammenschlusses — kann uns in drei voneinander verschiedenen Grundformen begegnen. Die einfachste Art ihres Erscheinens liegt in der selbständig von einem Gesellschafter vorgenommenen Ausübung seiner Mitwirkungsbefugnis, wie sie uns z. B. in Gestalt des Widerspruchs eines geschäftsführenden Gesellschafters gegenüber einem Geschäftsführungsakt von Seiten eines anderen, auch allein zur Geschäftsführung berechtigten Gesellschafters einer OHG (§ 115 HGB) oder in Gestalt des Widerspruchs eines Kommandisten gegenüber einem, den gewöhnlichen Betrieb des Handelsgewerbes der Gesellschaft überschreitenden Geschäftsführungsakt des Komplementärs (§ 164 HGB) entgegentritt.

Die durch einen solchen Widerspruch ausgelöste Rechtsfolge ist positiv rechtlich von dem Gesetz eindeutig bestimmt. Es ist zunächst die Hemmungswirkung: „.... so muß dieselbe unterbleiben" (§ 15 HGB). Mit dieser Mußvorschrift des Gesetzes ist aber auch eindeutig die Rechtsfolge der Nichtbeachtung des Widerspruchs, nämlich die Rechtswidrigkeit des trotz des berechtigten Widerspruchs durchgeführten Geschäftsführungsaktes, zwangsläufig gekennzeichnet.

Diese einfachste Form der Ausübung gesellschaftlicher Mitwirkungsbefugnis ist aber nicht nur im Bereiche der Personalgesellschaften, sondern auch bei den verbandsrechtlich organisierten Gesellschaftstypen vorhanden. Wenn auch hier ihr Auftauchen weit seltener der Fall sein wird, weil es gerade eine Eigenart dieser verbandsrechtlich organisierten Gesellschaftstypen darstellt, daß in der Regel deren Mitglieder ihre gesellschaftlichen Mitwirkungsbefugnisse nicht einzeln für sich, sondern nur verbandsrechtlich gebunden in der Vereins- oder Gesellschafterversammlung ausüben können.

Möglich sind sie aber durchaus. Wir begegnen ihnen z. B. in dem Minderheitsrecht eines Gesellschafters, gemäß § 50 GmbH.-Gesetz die Einberufung einer Gesellschafterversammlung erzwingen zu können. Sie erscheinen aber auch in der Möglichkeit, den Beschluß einer Gesellschafterversammlung — gleichgültig, ob es sich um eine GmbH. oder AG. handelt — im Wege der Anfechtungsklage zu beseitigen.

Nur wenig von dieser einfachsten Type gesellschaftlicher Mitwirkungsbefugnis, ausgeübt von einem Einzelgesellschafter, unterscheiden sich die Fälle, in denen die Ausübung der gesellschaftlichen Rechte von der Gemeinsamkeit, oder besser Gleichzeitigkeit des Vorgehens mehrerer Gesellschafter abhängt. Man denke z. B. an den Fall, bei dem zur Ausübung der Minderheitsrechte aus § 50 GmbH.-Ges. das gemeinsame Vorgehen mehrerer Gesellschafter notwendig ist, weil diese nur zusammen die im § 50 Abs. 1 GmbH.-Ges. vorausgesetzte Mindestgrenze von 10% des Stammkapitals erreichen. Eine ähnliche Situation besteht etwa in dem Fall der Erhebung der Ausschlußklage gemäß § 140 HGB gegen einen Gesellschafter, zu der auch nur „die übrigen Gesellschafter" in der Lage sind (§ 140 Abs. 1 HGB).

In allen diesen Fällen handelt es sich um eine rein äußere Gemeinsamkeit, eine aus dem einen oder anderen Grunde notwendige — manchmal auch nur zweckmäßige — Summierung oder Addierung der Ausübung der gesellschaftlichen Mitwirkungsbefugnisse.

Ist also in diesen Fällen die Ausübung der gesellschaftlichen Mitwirkungsbefugnisse unzulässig oder rechtswidrig, z. B. deshalb, weil diese Ausübung entgegen dem Sinn und Zweck der Zubilligung dieser gesellschaftlichen Mitwirkungsbefugnisse also im gesellschaftsfremden, ausschließlich eigennützigen Interesse der Gesellschafter erfolgt, so kann über die Rechtsfolge einer solchen Einzelausübung oder einer solchen summierten Einzelausübung ein Zweifel nicht bestehen. Der Einzelgesellschafter übt dann kein ihm wirklich zustehendes Recht aus. Er maßt sich nur zu Unrecht ein ihm für diesen Zweck nicht zustehendes Recht an. Seine Rechtsausübung, die in Wirklichkeit keine solche darstellt, vermag den beabsichtigten Erfolg nicht zu erzielen. Sie ist unbeachtlich. Erfolgt sie im Wege der Klage (z. B. der Anfechtungs- oder Ausschlußklage), so muß deren Abweisung erfolgen.

Schwierigkeiten in der rechtlichen Wertung entstehen in der Regel aber dann, wenn es sich nicht um die Einzel- oder summierte Einzelauswirkung gesellschaftlicher Mitwirkungsbefugnisse — gleichgültig welcher Art — handelt, wenn also diese gesellschaftlichen Mitwirkungsbefugnisse durch die Gesellschafter in der allen Typen des Gesellschaftsrechts eigenen gebundenen gemeinschaftlichen Form der Ausübung, nämlich im Wege des Beschlusses erfolgt.

Es ist nicht Zweck dieser Untersuchung, die Auseinandersetzung über die von jeher lebhaft umstrittene Rechtsnatur eines solchen Beschlusses [1]) vorzunehmen.

Denn im wesentlichen besteht über die rechtliche Behandlung der einzelnen, einen solchen Beschluß bildenden Vorgänge kein Streit, so verschieden die Ausgangspunkte und die theoretische Würdigung dieser Vorgänge auch sind.

Diese Willensbildung einer solchen Gesellschafterversammlung zerfällt — und auch darüber besteht praktisch kein Streit — in zwei unabhängig voneinander rechtlich zu wertende Vorgänge: Einmal in die Stimmabgabe des einzelnen Gesellschafters, zum anderen in den Vorgang, bei welchem aus den einzelnen Stimmabgaben gewissermaßen das Fazit gezogen wird, also in die eigentliche Willensbildung der Gesellschaft als solcher.

Diese Trennung in zwei selbständige und demgemäß auch selbständig rechtlich zu wertende Vorgänge ergibt sich zwangsläufig aus der Abwandlung der ursprünglichen Notwendigkeit zur positiven, rechtlich in jeder Weise wirksamen Willenserklärung der Betroffenen als Vor-

---

[1]) Man vergleiche hierzu: Kunze, „Der Gesamtakt, ein neuer Rechtsbegriff" in der Festschrift der Leipziger Juristenfakultät für Otto Müller, 1892;
Philipp Heck, „Gesellschaftsbeschlüsse und Willensmängel bei der Gesellschaft des bürgerlichen Rechts" in der Festschrift: Otto Gierke zum 70. Geburtstag, 1911;
v. Tuhr, „Der allgemeine Teil des deutschen bürgerlichen Rechts", II. Band, 1. Hälfte, 1914, insbesondere Seite 232 und 234;
Feine, „Die Gesellschaft mit beschränkter Haftung", Leipzig, 1929, S. 515 ff.;
Heck, „Grundriß des Schuldrechts", Tübingen, 1929, S. 322, 351 und 376;
Brodman, „Kommentar zum Gesetz betreffend die Gesellschaften mit beschränkter Haftung", 2. Auflage, 1930, S. 47, Anm. 2 a;
Enneccerus-Kipp-Wolff, „Lehrbuch des bürgerlichen Rechts", 1. Band, 13. Bearbeitung, Einleitung Allgemeiner Teil, 1931, § 137 II 4 und II 3;
Düringer-Hachenburg, „Das HGB", II. Band, 1. Hälfte, 3. Auflage, erläutert von Geiler, 1932, Anm. 126 a, S. 157;
Riezler in Staudingers Kommentar zum Bürgerlichen Gesetzbuch, I. Band, Allgemeiner Teil, 10. Auflage, 1936, § 32, Anm. 28;
Geiler in Staudingers Kommentar zum Bürgerlichen Gesetzbuch, 10. Aufl., 2. Band, 3. Teil, 1936, § 709, Anm. 17 a und b;
Würdinger, Gesellschaften, 1. Teil: „Recht der Personalgesellschaften", 1937, S. 54;
Bartholomeyczik, „Der Körperschaftsbeschluß als Rechtsgeschäft" in ZHR, 105/293 ff., insbesondere S. 299 und S. 300;
Heinrich Lehmann, „Handelsrecht", II. Teil, Gesellschaftsrecht, 1949, S. 42 ff.;
Julius v. Gierke, „Handelsrecht und Schiffahrtsrecht", 1949, S. 175;
Weipert, „RGR-Kommentar zum HGB", II. Aufl., 1950, 2. Band, § 119, Anm. 18;
Erman, „Handkommentar zum BGB", 1952, § 709, Anm. 8, RGZ, Band 122, S. 367 (S. 369), RGZ, Band 118, S. 218 ff. (S. 221).

aussetzung für den Eintritt des rechtlichen Erfolges, wie sie uns für den typisch rechtsgeschäftlichen Bereich selbstverständlich ist, zu der durch den gesellschaftlichen Zusammenschluß bedingten — positiven oder negativen — Mitwirkungsmöglichkeit. Der Eintritt der Rechtsfolge ist ja — und darin kennzeichnet sich die Bedeutung des Mehrheitsbeschlusses mit aller Deutlichkeit — nicht mehr von der positiven Mitwirkung jedes Gesellschafters abhängig. Sie wird nicht einmal von der ausgesprochenen negativen Mitwirkung — dem positiven Dagegenstimmen — beeinträchtigt. Notwendig ist vielmehr nur die Beteiligungsmöglichkeit des Gesellschafters — gleichgültig, in welcher Richtung sie erfolgt —, die durch den Einladungszwang für die Gesellschafterversammlung und durch den Ankündigungszwang für die Punkte der Beschlußfassung der Versammlung gesichert wird.

Betrachten wir zunächst die Stimmabgabe des einzelnen Gesellschafters. Sie enthält alle Elemente einer rechtsgeschäftlichen Willenserklärung eines Einzelsubjekts: den Willensentschluß dieses Gesellschafters, eine rechtserhebliche Erklärung abzugeben, und die Erklärung dieses Willensentschlusses. In der Theorie und in der gerichtlichen Praxis wird daher diese Stimmabgabe auch bedenkenfrei allen rechtlichen Normen unterworfen, welche für die Beurteilung der Rechtswirksamkeit einer rechtsgeschäftlichen Willenserklärung von Bedeutung sind. Die Stimmabgabe eines geschäftsunfähigen Gesellschafters ist nichtig, eine auf Irrtum, arglistiger Täuschung oder Drohung beruhende Stimmabgabe ist anfechtbar [2]). Die Folge einer solchen von Anfang an nichtigen Stimmabgabe oder einer infolge der erklärten Anfechtung rückwirkend von Anfang an unwirksamen Stimmabgabe greift aber nicht ohne weiteres auf den gefaßten Beschluß (Annahme oder Ablehnung eines in der Gesellschafterversammlung gestellten Antrags) über. Ihre Wirkung beschränkt sich vielmehr darauf, daß diese ursprünglich nichtige oder infolge der Anfechtung von Anfang an unwirksame Stimmabgabe als begründendes oder hinderndes Element für den Beschluß ausscheidet. Es gilt also das gleiche, als wenn z. B. ein Gesellschafter irrtümlich mit einer höheren Stimmenzahl zur Abstimmung zugelassen worden ist, als ihm tatsächlich zustand, denn Element der Willensbildung der Gesellschaft kann nur die Stimmabgabe sein, die sich im Rahmen des durch

---

[2]) Man vergleiche z. B. Hachenburg: „Kommentar zum GmbH.-Ges.", 5. Auflage, 1927, § 45, Anm. 10;
Scholz, „Kommentar zum GmbH.-Ges.", 3. Auflage 1951, § 45, Anm. 9;
Baumbach-Hueck, „Kommentar zum GmbH.-Ges.", 6. Auflage, 1953, § 47, Anm. 3 D.

Gesetz oder Satzung gewährleisteten Stimmrechts einschließlich der Stimmenzahl hält.

Es ist notwendig, diese absolute Abhängigkeit auch des Umfangs der Rechtswirksamkeit einer solchen Stimmenabgabe von diesem Stimmrecht und seinem Umfang zu betonen. Denn diese absolute Bindung der sich in dem Stimmrecht verkörpernden Mitwirkungsbefugnis eines Gesellschafters an ihre gesellschaftlich-rechtliche oder satzungsmäßige Grundlage ist von entscheidender Bedeutung. Sie bildet nicht nur die natürliche Grundlage für den äußeren Umfang dieses Stimmrechts, die Stimmzahl, sondern ebenso selbstverständlich die Grundlage für ihren inneren rechtsmäßigen Gehalt, also für den Inhalt des Stimmrechts.

Zur Veranschaulichung sei hier ein einfaches Beispiel gegeben:

Eine GmbH. mit einem Stammkapital von 100 000,— DM betreibt satzungsmäßig die Herstellung von Fahrrädern und Kinderwagen. Beide Geschäftszweige florieren. Ihr Stammkapital zerfällt in 6 Geschäftsanteile von je 10 000,— DM in Hand von A, B, C, D, E, F und einem Geschäftsanteil von 40 000,— DM in Hand des G. Der Gesellschafter G wird von der Kinderwagenfabrik H bestochen, in einer Gesellschafterversammlung den ordnungsmäßig von ihm angekündigten Antrag zu stellen, die Produktion von Kinderwagen einzustellen. In der Gesellschafterversammlung sind die Gesellschafter A, B und C nicht erschienen und nicht vertreten. G stimmt für den Antrag mit den Stimmen aus seinem Geschäftsanteil von 40 000,— DM, die Gesellschafter D, E, F stimmen gegen den Antrag mit ihren Stimmen aus ihren Geschäftsanteilen von je 10 000,— DM.

Bei dieser Sachlage ist unzweifelhaft, daß die Abstimmungserklärung des Gesellschafters G außergesellschaftlichen Interessen dient. Seine Stimmabgabe erfolgt nicht im gesellschaftlichen Interesse, um dessen Förderung willen das Recht ihm ausschließlich sein Stimmrecht zubilligt.

Es liegt insoweit eine wirksame Stimmrechtsausübung durch den Gesellschafter G nicht vor. Seine gesellschaftsfremde und gesellschaftsfeindliche Abstimmungserklärung erscheint nur äußerlich als eine dem Gesellschaftszweck dienende Stimmabgabe. Es liegt also in Wirklichkeit keine Ausübung der Mitwirkungsbefugnis vor, sondern hinter der äußeren Form der Ausübung der gesellschaftlichen Mitwirkungsbefugnis verbirgt sich nur ein gesellschaftsfremdes und gesellschaftszerstörendes Verhalten. Seine „Stimmabgabe" kann daher rechtlich keine andere Bedeutung haben, wie die Nichtausübung der Mitwirkungsbefugnis durch die

Gesellschafter A, B und C. Der Antrag des G ist daher mit den Stimmen der Gesellschafter D, E und F abgelehnt.

Der Willensbildungsvorgang in einer solchen Gesellschafterversammlung wird ja durch die Abgabe einer oder mehrerer nichtiger oder unwirksamer Stimmen nicht beeinträchtigt, soweit die verbleibenden wirksamen Stimmen nach den gesetzlichen oder satzungsmäßigen Voraussetzungen ausreichen, um den Willensentschluß der Gesellschafterversammlung, die Willensbildung der Gesellschaft, herbeizuführen [3]).

XI

Positiv-rechtlich ist weder bei den beiden Grundtypen der Gesellschaften, nämlich der Gesellschaft bürgerlichen Rechts und dem Verein, die Rechtsnatur eines solchen Versammlungsbeschlusses, noch auch sein Zustandekommen, wie auch nicht seine Wirksamkeitsvoraussetzungen des näheren geklärt. Lediglich die Stimmabgabe und unter bestimmten Voraussetzungen der Ausschluß des Stimmrechts ist geregelt. Auch für das Recht der Offenen Handelsgesellschaft und der Kommanditgesellschaft fehlt eine solche positive Regelung. Erst der § 48 GmbH.-Ges. enthält die grundsätzliche Regelung, daß die Beschlüsse der Gesellschafter in Versammlungen zu fassen sind, deren Tagesordnung nach § 51 Abs. II GmbH.-Ges. bei der Berufung der Versammlung angekündigt werden soll. Es ist dies aber nur eine grundsätzliche Regelung, da — ganz abgesehen von einer anderen satzungsmäßigen Gestaltung — der § 48 Abs. II GmbH.-Ges. unter den dort vorgesehenen Voraussetzungen auch die Zulässigkeit einer schriftlichen Abstimmung vorsieht. Weder das Recht der Offenen Handelsgesellschaft (einschließlich der Kommanditgesellschaft), noch dasjenige der Gesellschaft mit beschränkter Haftung kennt aber eine nähere Regelung des formalen Ablaufs einer solchen Beschlußfassung oder der Folgen einer rechtlich mangelhaften Beschlußfassung.

In der Mehrzahl der Fälle zeigt die Praxis — insbesondere dann, wenn eine Mehrzahl von Gesellschaftern an dem Willensbildungsvorgang innerhalb einer solchen Gesellschafterversammlung beteiligt ist — ein Bedürfnis nach formaler Ordnung des Ablaufs einer solchen Gesell-

---

[3]) Die Besonderheiten der Beschlußfassung in der Hauptversammlung einer Aktiengesellschaft gelangen noch zur Darstellung.

schafterversammlung mit ihren einzelnen Punkten der Tagesordnung durch Leitung des Beschlußvorgangs und der ihm regelmäßig vorausgehenden Diskussion. Diesem Bedürfnis wird im allgemeinen durch Wahl eines Vorsitzenden für die Versammlung Rechnung getragen. Nicht selten findet man auch diese Funktion des Vorsitzenden einer Gesellschafterversammlung in den Satzungen der Gesellschaften (OHG., KG. und GmbH.) vorgesehen und insbesondere die Wahl oder ein Präsentationsrecht für dieses Amt geregelt.

Es bedarf nun der Untersuchung, welche materiell rechtliche Bedeutung die Einführung eines solchen Vorsitzenden für die Gesellschafterversammlung und sein Amtieren für den Beschlußvorgang als solchen besitzt. Für diese Frage ergibt sich ein grundsätzlicher Unterschied für das Recht der OHG., KG. und GmbH. einerseits und für dasjenige der AG. andererseits. Beide Gruppen bedürfen daher einer getrennten Untersuchung. Behandeln wir zunächst die erste Gruppe.

Die Einführung eines Vorsitzenden der Gesellschafterversammlung entspricht dem natürlichen *Ordnungsbedürfnis*, wie es sich von selbst aus der Mitwirkung einer Mehrzahl oder Vielzahl der Beteiligten ergibt. Das Gesetz kennt ihn bei der OHG. [1]) und der GmbH. nicht. Daraus wird man ohne weiteres den Schluß ziehen können, daß der Gesetzgeber das Vorhandensein eines solchen Vorsitzenden und sein Amtieren als eine Essentiale für den Beschlußvorgang nicht ansehen kann. Amtiert also bei einer Gesellschafterversammlung ein Vorsitzender, sei es ohne satzungsmäßige Grundlage, sei es, daß seine Wahl satzungsmäßig vorgesehen ist, so kann sich der gesamte Tätigkeitsbereich eines solchen Vorsitzenden demgemäß auf den materiell-rechtlichen Teil des Beschlußvorgangs nicht auswirken, sondern ausschließlich ordnungsmäßigen Charakter besitzen. Mit anderen Worten: Jede Funktion eines solchen Vorsitzenden, sei sie ordnungsmäßig oder fehlerhaft, berührt den materiell rechtlichen Willensbildungsvorgang innerhalb der Gesellschafterversammlung überhaupt nicht.

Etwas anderes wäre nur dann denkbar, wenn die Satzung dem Verhalten oder Wirken eines solchen Vorsitzenden ausnahmsweise durch positive Bestimmung eine materiell-rechtliche Wirkung beilegt. Man findet in der Praxis — wenn auch selten — eine solche materiell-rechtliche Wirkung für die Funktion des Vorsitzenden in Gesellschaftsver-

---

[1]) Soweit in dem Folgenden von der Offenen Handelsgesellschaft gesprochen wird, gilt das gleiche auch für die Kommanditgesellschaft.

trägen dahin geregelt, daß bei Stimmengleichheit innerhalb einer Abstimmung die Stimme des Vorsitzenden entscheidet [2]). Grundsätzlich wird man aber auch bei allen Satzungsbestimmungen über eine solche Ausgestaltung der Funktion des Vorsitzenden entsprechend den Entstehungsgrundlagen vermuten müssen, daß ihr nur die Aufgabe und Bedeutung zukommt, den äußeren ordnungsmäßigen Ablauf des Beschlußvorgangs zu gewährleisten, und daß der materiell-rechtliche Beschlußvorgang selbst von ihr weder positiv noch negativ beeinflußt werden kann und soll, es sei denn, daß das Gegenteil positiv in der Satzung verlautbart ist.

Diese Überlegung muß man sich einmal für das Gebiet der Offenen Handelsgesellschaft und der Gesellschaft mit beschränkter Haftung mit aller Deutlichkeit klarmachen, weil bei der Fassung solcher Versammlungsprotokolle — abgeleitet von dem nicht verstandenen und hier nicht übertragungsfähigen Beispiele aus dem Recht der Aktiengesellschaft, in der Praxis immer mehr die Neigung auftaucht, daß der Vorsitzende das Ergebnis der Abstimmung und das Zustandekommen oder Nichtzustandekommen von Beschlüssen „feststellt“ oder „verkündet“. Eine solche *„Feststellungsbefugnis“* und damit eine Einwirkungsmöglichkeit auf den materiell-rechtlichen Willensbildungsvorgang (selbstverständlich außerhalb seines eigenen Stimmrechts) hat im Bereich der OHG und der GmbH. der Vorsitzende grundsätzlich nicht.

Dem entspricht es auch, daß das Gesetz, wie auch die Theorie und Praxis, für mangelhafte Beschlüsse der Gesellschafterversammlung einer Offenen Handelsgesellschaft die Notwendigkeit eines besonderen Beseitigungsverfahrens — z. B. einer Anfechtungsklage — nicht annehmen. Die Mangelhaftigkeit eines solchen Beschlusses der Gesellschafterversammlung einer Offenen Handelsgesellschaft kann formfrei in jeder Weise — z. B. durch Widerspruch, Einrede, Klage und insbesondere Feststellungsklage geltend gemacht werden [3]).

---

[2]) Eine vielleicht vergleichbare positiv-rechtliche Regelung findet sich in § 70, Abs. II, des Aktiengesetzes vom 30. 1. 1937, welcher der Stimme des Vorsitzenden bei Meinungsverschiedenheiten innerhalb des Vorstands entscheidende Bedeutung beimißt.

[3]) Vergl. z. B. Hueck: „Recht der OHG“, 2. Aufl., 1951, S. 115;
Weipert in „RGR-Kommentar zum HGB“, 2. Aufl., 1951, § 119, Anm. 17;
Flechtheim: in Düringer-Hachenburg: „Das HGB“, II. Band, 2. Hälfte, 3. Aufl., 1932, § 119, Anm. 5;
Geßler-Hefermehl, „Das HGB“, 2. Aufl. 1950, 1. Bd., § 119, Anm. 9;
„Staubs Kommentar zum HGB“, 11. Aufl., 1921, I. Band, 1. Halbbd., § 117, Anm. 7.

Es tritt also ganz deutlich in die Erscheinung, daß im Bereich der OHG für den „Beschluß“, für den Willensbildungsvorgang innerhalb der Gesellschafterversammlung, ausschließlich die Abwägung der rechtswirksam abgegebenen Stimmen entscheidend ist.

Auch bei den beiden Grundtypen der heutigen Erscheinungsform gesellschaftlicher Bindungen der Gesellschaft bürgerlichen Rechts und dem Verein kennen wir keinen Formzwang, keinen bestimmt gestellten Weg für die Bekämpfung nichtiger oder angreifbarer Beschlüsse. Auch hier ist jede Form der Geltendmachung, und zwar ohne jede zeitliche Einschränkung zulässig; sie ist möglich im Wege der Einrede, des Bestreitens oder auch der Feststellungsklage [4]).

Bevor wir uns dem parallelen Vorgang im Bereich der GmbH. zuwenden, der, wie bereits erwähnt, auch für diesen Gesellschaftstyp positiv-rechtlich nicht geregelt worden ist, wollen wir den Beschlußvorgang im Bereiche der Aktiengesellschaft und seine dort erfolgte positiv-rechtliche Regelung untersuchen.

Bereits der § 259 HGB bestimmte:

> *„Jeder Beschluß der Generalversammlung bedarf zu seiner Gültigkeit der Beurkundung durch ein über die Verhandlung gerichtlich oder notariell aufgenommenes Protokoll. In dem Protokoll sind .... die Art und das Ergebnis der Beschlußfassung anzugeben“* [5]).

In dem Aktienges. vom 30. 1. 1937 ist die Entwicklung zu einem immer mehr formal gestalteten Ablauf der gesellschaftlichen Dinge bei diesem Gesellschaftstyp noch weiter fortgeschritten. Es heißt dort in dem § 111:

> *„Jeder Beschluß der Hauptversammlung bedarf zu seiner Gültigkeit der Beurkundung durch eine über die Verhandlung gerichtlich oder notarisch aufgenommene Niederschrift. In der Niederschrift sind ..... die Art und das Ergebnis der Abstimmung und die Feststellung des Vorsitzers anzugeben“* [6]).

---

[4]) „RGR-Kommentar zum BGB“, 9. Aufl., 1939, Bd. I, § 32, Anm. 5;
ebenso die 10. Aufl., 1953, § 32, Anm. 5;
„Staudinger's Kommentar zum BGB“, 10. Aufl., 1936, Bd. I, § 32, Anm. 21;
der gleiche Kommentar 8. Aufl., 1929, Bd. II, 3. Teil, § 709, Anm. 22;
„Planck's Kommentar zum Bürgerlichen Gesetzbuch“, 4. Aufl., 1913, § 32, Anm. 4.

[5]) u. [6]) Die Hervorhebungen sind hier zum Zwecke der Verdeutlichung erfolgt.

Für den Bereich der Aktiengesellschaft tritt als Voraussetzung für die Vollendung und damit auch für die Rechtsgültigkeit des Willensbildungsvorganges — also über die Stimmabgabe der Gesellschafter — noch etwas weiteres hinzu. Es ist dies bei der Aktiengesellschaft des HGB die gerichtliche oder notarielle Beurkundung einmal der Art der Beschlußfassung und vor allen Dingen diejenige des *Ergebnisses der Beschlußfassung* (§ 259 HGB). Diese zusätzlichen Erfordernisse werden in der Formulierung des Aktiengesetzes noch deutlicher und noch formaler dahin gestaltet, daß die „Feststellung des Vorsitzers über die Beschlußfassung" als Gültigkeitsvoraussetzung für das rechtswirksame Zustandekommen des Beschlusses beurkundungspflichtig wird.

Wir hatten bereits Gelegenheit, uns mit den Gründen zu beschäftigen, die auf dem Gebiete der Aktiengesellschaft für die Verlagerung des Gewichts in die formale Gestaltung maßgebend waren und sind. Es ist dies in erster Linie die Überlegung, daß bei der typischen Aktiengesellschaft mit der bestimmungsgemäß gewollten und gewünschten Beteiligung der breiten Masse der Publikumsaktionäre der Abstand des einzelnen Gesellschafters von dem Einzelvorgang, hier von der Abstimmung, so groß zu sein pflegt, und damit auch seine Einblicksmöglichkeit in diese Vorgänge in der Regel so gering ist, daß die Einschaltung des Richters oder Notars mit der durch ihn und ausschließlich unter seiner Verantwortung erfolgenden Protokollierung unerläßlich ist, um damit die Publizität des wirklichen Vorgangs für jeden Gesellschafter zu gewährleisten. Nur so vermag jeder Gesellschafter — mindestens die gesetzlich vorgeschriebene Einreichung einer Ausfertigung des Protokolls zu den Registerakten sichert das (§ 111 Abs. 5 des Akt.-Ges.) — die sichere Grundlage für seine weitere Entschließung zu gewinnen.

Einmal wegen des Erfordernisses für die Beurkundung von Beschlüssen der Hauptversammlung einer Aktiengesellschaft, vor allen Dingen aber deshalb: Weil § 111 Akt.-Ges. — die Wirksamkeit eines solchen Beschlusses davon abhängig macht, daß die Feststellung eines solchen Beschlusses durch den Vorsitzenden beurkundungspflichtig ist, kann in dem Bereich der Aktiengesellschaft — anders als bei der Offenen Handelsgesellschaft — nicht aus dem tatsächlichen Abstimmungsverhältnis, das ja häufig auch aus dem Protokoll ersichtlich ist, und auf die Wirksamkeit der einzelnen Stimmabgaben hin gewertet werden könnte, entgegen einer solchen Verkündung durch den Vorsitzenden ein „Beschluß", also ein rechtswirksam vollzogener Willensbildungsvorgang der Gesellschaft, nicht festgestellt werden [7]).

Wenden wir uns nun der Untersuchung zu, wie die gleiche Rechtsfrage für das Gebiet der Gesellschaft mit beschränkter Haftung zu entscheiden ist. Wir hatten bereits festgestellt, daß der Beschlußvorgang in der Gesellschafterversammlung der GmbH. ebenso wenig eine positiv-rechtliche Gestaltung erfahren hat, wie die Folgen eines mangelhaften Beschlußvorganges. Seit Erlaß des GmbH.-Gesetzes hat die Theorie und Praxis übereinstimmend die für das Aktienrecht positiv ausgestalteten Rechtsbehelfe der Nichtigkeits- und Anfechtungsklage sinngemäß auf die Beschlüsse einer Gesellschafterversammlung der GmbH. angewendet [8]). Insoweit weist der Rechtszustand bei der GmbH. also zweifelsfrei eine Abweichung gegenüber dem bei der OHG auf. Anlaß für die Annahme der Notwendigkeit einer solchen fristbedingten (!) Anfechtung im Klagewege bildet offensichtlich, daß bei der GmbH., gerade wegen der grundsätzlichen Beschränkung der Haftung gegenüber den Gläubigern der Gesellschaft auf das Gesellschaftsvermögen, das Interesse der Gesellschaftsgläubiger die Schaffung eines endgültig gesicherten Rechtszustandes gebieterisch erfordert. Es kann gerade wegen dieser Haftungsbeschränkung den Gesellschaftern nicht überlassen bleiben, nach Jahr und Tag z. B. im Wege der Einrede Unwirksamkeit eines solchen Gesellschafterbeschlusses geltend zu machen. Das ist nur bei der Offenen Handelsgesellschaft möglich, weil bei ihr das Gläubigerinteresse durch die volle persönliche Haftung der Gesellschafter genügend gewahrt ist.

Es fragt sich nur, ob bei der GmbH. und AG insoweit auch die Voraussetzungen gleich oder ähnlich liegen, daß man aus dem Bereich des Aktienrechts auch die Bedeutung der Beschlußfeststellung durch den Vorsitzenden auf das Recht der Gesellschaft mit beschränkter Haftung mit übernehmen muß. Diese Frage ist zu verneinen.

---

[7]) So noch für die Aktiengesellschaft des HGB. Urteil des II. Zivilsenats vom 24. 10. 1933 in RGZ, Bd. 142, S. 123 ff.

[8]) Man vergleiche z. B. Baumbach-Hueck: „Gesetz betreffend die Gesellschaft mit beschränkter Haftung", 6. Aufl., 1943, § 47, Anm. 1 A, 2 A, 3 A und 4 A;
Hachenburg: „Kommentar zum Gesetz betreffend die Gesellschaft mit beschränkter Haftung", 5. Aufl., 1927, 2. Bd., § 45, Anm. 34 ff.;
Scholz: „Kommentar zum GmbH.-Gesetz", 2. Aufl., 1950, Anm. 17 ff.;
Brodman: „Gesetz betreffend die Gesellschaft mit beschränkter Haftung", 1924, § 47, Anm. 4.

Der gesetzgeberische Grund für die Schaffung der GmbH. lag vor allen Dingen darin begründet, daß lebensmäßig ein lebhaftes Bedürfnis nach einer weiteren Kapitalgesellschaft neben der Aktiengesellschaft bestand, die — anders als schon damals bei der Aktiengesellschaft — den recht schwerfälligen Apparat und Funktionsablauf dieser letzteren Gesellschaft vermied und deren gesellschaftlicher Funktionsablauf wesentlich vereinfacht und erleichtert war.

Wenn daher das GmbH.-Ges. grundsätzlich auf den gerichtlichen oder notariellen Beurkundungszwang für die Beschlüsse der Gesellschafterversammlung einer GmbH. verzichtete (Ausnahme satzungsändernde Beschlüsse), und wenn weiter das Gesetz trotz des Vorbildes in Gestalt der Aktiengesellschaft auf die Aufstellung aller formalen Voraussetzungen für den Beschlußvorgang verzichtete, dann liegt darin keine Nachlässigkeit und kein Übersehen, sondern eine ganz bewußte und gewollte Absicht. Die Voraussetzungen hinsichtlich dieses Beschlußvorgangs sind daher bei der Aktiengesellschaft und der Gesellschaft mit beschränkter Haftung nicht ähnlich, sondern ganz verschieden, ja im Grunde ausgesprochen entgegengesetzt.

Bei der Aktiengesellschaft unterstellt der Gesetzgeber als typisch den Abstand der Aktionäre von dem Geschäftsvorfall und im Hinblick auf die typisch gegebene Vielzahl der Beteiligten, ihre fehlende Einblicks- und Überblicksmöglichkeit über die Einzelheiten des Beschlußvorgangs als solchem. Daraus entsprang der Gedanke, den Ablauf des Beschlußvorgangs objektiv zuverlässig festzuhalten (gerichtliche oder notarielle Beurkundung) und ihn hierdurch gleichzeitig publik zu machen, das heißt durch die zur Rechtswirksamkeit des Beschlusses notwendige Feststellung des Beschlußergebnisses durch den Vorsitzenden zu gerichtlichem oder notariellem Protokoll den einzelnen Aktionären wieder zuverlässig erkennbar zu machen und nahezubringen.

Bei der Gesellschaft mit beschränkter Haftung liegen die tatsächlichen Voraussetzungen und damit auch die die gesetzliche Regelung bestimmenden Tendenzen genau umgekehrt. Der Gesetzgeber unterstellt für diese Type der Kapitalgesellschaften als typisch die Übersichtlichkeit der Verhältnisse und ebenso wegen der typisch gegebenen geringeren Anzahl der Beteiligten die Übersehbarkeit des Abstimmungsvorganges als solchen. Das zeigt sich ganz deutlich in der weitgehenden Aufrechterhaltung der Mitwirkungsbefugnis der Gesellschafter bei der Geschäftsführung in Gestalt der teilweise zwingend vorgesehenen unmittelbaren

Einflußnahme der Gesellschafter auf die Geschäftsführung (§ 46 GmbH.-Ges.) und in der Aufrechterhaltung der mittelbaren Einflußnahme der Gesellschafter auf die Geschäftsführung durch die bewußt betonte, nahezu uneingeschränkte Abhängigkeit der Geschäftsführung von den Gesellschaftern (§§ 46 Ziffer 5 und 38 GmbH.-Ges.).

Schon wegen dieser grundlegenden und entscheidenden Unterschiedlichkeit der Voraussetzungen ist daher eine rechtsähnliche Anwendung der Vorschriften des Aktiengesetzes über den Beschlußvorgang auf die entsprechende Gestaltung bei der GmbH. ausgeschlossen. Diese Folgerung stimmt auch völlig mit der positiv-gesetzlichen Gestaltung bei der GmbH. überein. In § 48 GmbH.-Ges. ist zwar als Grundsatz aufgestellt worden, daß die Beschlüsse der Gesellschafter in Versammlungen gefaßt werden. Der Absatz II dieser Bestimmung zeigt aber, daß diese Willensbildung der Gesellschafter in Gestalt von Versammlungsbeschlüssen nur die eine mögliche Form hierfür ist, und daß diese Willensbildung der Gesellschafter in *gleich wirksamer Weise auch im Wege der schriftlichen Abstimmung erfolgen kann.*

Wenn man also für die GmbH. hinsichtlich des Ergebnisses der Beschlußfassung der Meinung oder Rechtsansicht des Vorsitzenden oder der von ihm vorgenommenen — im Gesetz überhaupt nicht vorgesehenen — Feststellung oder Verkündung eines solchen Beschlusses eine materiell-rechtliche Bedeutung beimessen wollte, so fehlt es hier — anders als bei der ausdrücklichen Bestimmung des § 111 Abs. II AktGes. — an jeder rechtlichen Grundlage. Eine solche Annahme wäre mit der Grundidee des GmbH.-Gesetzes und der positiv getroffenen bewußt völlig freien Gestaltung des Beschlußvorganges unvereinbar.

In der Gesellschafterversammlung der GmbH. ist also — unabhängig von dem äußeren Schaubild des Protokolls, wie es sich aus der Feststellung oder Verkündung des Vorsitzenden oder beispielsweise aus der Mitabstimmung des nicht zur Abstimmung Berechtigten ergibt, nur das beschlossen, was sich aus der Abwägung der tatsächlich abgegebenen und wirksamen Stimmen herausstellt.

Diese Feststellung ist für das GmbH.-Recht von sehr erheblicher Bedeutung, weil von ihr letzten Endes die Entscheidung der Frage abhängt, ob neben der Anfechtung eines solchen (Schein-) Beschlusses gleichzeitig eine Klage auf Feststellung des wirklich gefaßten Beschlusses erhoben werden kann. Das spielt neben dem Zeit- und Kostenaufwand, wie er mit der Aufteilung in zwei einander folgende Verfahren notwendig verbunden ist, deshalb nicht selten eine entscheidende Rolle, weil von der Feststellung des wirklich gefaßten Beschlusses — ganz anders als von der lediglich zerstörenden negativen Wirkung der Anfechtungsklage — für die Beteiligten häufig weitreichende materiellrechtliche Folgen abhängen.

Der II. Senat des Reichsgerichts hat sich in seinem Urteil vom 5. November 1912 [9]) grundsätzlich mit dieser Frage anläßlich einer gegen einen Bilanzbeschluß einer *GmbH.* gerichteten Anfechtungsklage und der gleichzeitig damit verbundenen Feststellungsklage beschäftigt. Er führt dazu aus:

> „*Nur wenn es im Einzelfall zweifellos ist, wie sich eine nach richtigen Grundsätzen aufgestellte Bilanz oder Gewinnverteilung gestaltet, kann der Richter aus dieser Gestaltung unter Aufhebung des ungültigen Beschlusses zugleich die unerläßlichen Folgerungen ziehen ...*
> *Unter diesen Umständen hätte sich auch materiell die Einberufung der Mitgliederversammlung und deren Beschlußfassung als eine inhaltlose Form erwiesen. Sie konnte nichts anderes mehr beschließen, nachdem die Beschlüsse vom 26. 1. 1911 nicht aufrecht zu erhalten waren.*“

Der Senat bejaht also hier bei einer Bilanzstreitigkeit unter der selbstverständlichen Voraussetzung, daß im übrigen die im Ergebnis angefochtene Bilanzfeststellung durch die Gesellschafterversammlung ein klares Abstimmungsergebnis erbracht hat, die Zulässigkeit der Verbindung der Anfechtungsklage mit einer entsprechenden Feststellungsklage über den wirklichen Beschlußvorgang. Diese Entscheidung ist praktisch vernünftig und begrüßenswert, selbst wenn die eigentliche Begründung den wesensmäßigen Grund, nämlich den formfrei gefaßten wirksamen Beschluß, mehr ahnen als ausdrücklich hervortreten läßt. Diese mangelnde grundsätzliche Klärung hat sich in der weiteren Entwicklung gerächt. Wenn diese Entscheidung anläßlich eines Angriffs gegen einen Bilanzfeststellungbeschluß ergangen ist, so besagt das nichts dagegen, diese Rechtsgrundsätze auf jeden anderen Beschluß einer Gesellschafterversammlung anzuwenden.

Der gleiche II. Senat hat sich dann in dem Urteil vom 9. 10. 1928 [10]) wiederum mit der Zulässigkeit der Verbindung einer Anfechtungsklage

---

[9]) RGZ Bd. 80 S. 330 ff. (insbesondere S. 337).
[10]) RGZ Bd. 122 S. 102 ff. (insbesondere S. 107).

mit der Feststellungsklage, und zwar diesmal für den Bereich der Aktiengesellschaft des HGB, befaßt. Der Senat hat auch hier die Zulässigkeit der Feststellungsklage bejaht. Er führt dazu aus:

> *„Das ziffernmäßige Abstimmungsergebnis ist im Protokoll genau nach Stamm- und Vorzugsaktien festgelegt. Aus ihm ergibt sich zwingend ohne weiteres, daß, wenn die Vorzugsaktien sechsfaches Stimmrecht haben, der Antrag der Klägerin nicht abgelehnt, sondern angenommen worden ist. Insofern ist auch das letztere Ergebnis im Sinne des § 259 HGB niedergelegt."*

Es ist recht interessant zu beobachten, daß hier in der Entscheidung vom 9. 10. 1928 der Senat, weit über die Begründung des Urteils vom 5. 11. 1912 hinaus, das eigentlich Entscheidende des Beschlußvorganges, nämlich die richtige Wertung der rechtswirksam abgegebenen Stimmen, zum tragenden Teil für die Entscheidung macht. Bedenklich war nur, da es sich hier um einen Generalversammlungsbeschluß einer Aktiengesellschaft handelte, daß der Senat die für den Beschluß und seine Rechtswirksamkeit notwendige *Beurkundung des Ergebnisses der Beschlußfassung* (§ 259 HGB) mit der Beurkundung derjenigen Tatsachen gleichsetzte, aus denen erst im Wege der Folgerung das Ergebnis der Beschlußfassung abzuleiten war.

Diese Auffassung des Senats ist mit dem Sinn des Beurkundungszwangs für das Ergebnis der Beschlüsse in der Generalversammlung nicht vereinbar. Denn sie würde, ihre Richtigkeit vorausgesetzt, gerade den infolge seiner „Entfernung" von dem Beschlußablauf einblickslosen Aktionär nötigen, ohne den erforderlichen Einblick eine ihm deshalb nicht zumutbare Wertung vorzunehmen. Es ist bezeichnend, daß diese Entscheidung unter der Herrschaft des Aktiengesetzes vom 30. 1. 1937 nicht möglich gewesen wäre, weil § 111 Abs. II Akt.-Ges. jetzt als Essentiale für die Wirksamkeit eines solchen Beschlusses ausdrücklich auch die *Beurkundung der Feststellung des Vorsitzers über die Beschlußfassung* verlangt.

Obwohl demnach diese Entscheidung vom 9. 10. 1928 in ihrem Ergebnis nicht unbedenklich war, ist sie wichtig und richtig, soweit sie gesellschaftsrechtlich — abgesehen von dem Fall der Aktiengesellschaft — die Elemente des Beschlußvorgangs deutlich und klar herausstellt.

Der gleiche II. Senat hat dann auch wenige Jahre später in dem Urteil vom 24. 10. 1933 [11]), wiederum bei einer Entscheidung über eine

---

[11]) RGZ Bd. 142 S. 123 ff. (insbesondere S. 127 und 129).

mit der Anfechtungsklage verbundene Feststellungsklage gegen den Generalversammlungsbeschluß einer Aktiengesellschaft des HGB, die entgegengesetzte Auffassung vertreten. Er führt in diesem Urteil aus:

> „*Darüber, ob ein Antrag angenommen oder abgelehnt ist, hat zunächst vorbehaltlich der gerichtlichen Nachprüfung der Vorsitzende der Versammlung zu entscheiden, und diese seine Entscheidung ist vorläufig maßgeblich, wenn nicht der Fall etwa so liegt, daß auch ohne Verkündung eine ganz unzweideutige protokollarisch festgelegte Willensäußerung der Generalversammlung vorliegt ....*
>
> *Nach all dem muß es grundsätzlich dabei verbleiben, daß, wenn der Vorsitzende als Ergebnis der Abstimmung die Ablehnung eines Antrags verkündet hat, und dies in dem Protokoll beurkundet ist (§ 259 HGB), die Aktionäre aber der Ansicht sind, daß der Antrag angenommen sei, eine Feststellungsklage dahin, welcher Beschluß denn nun zustandegekommen ist, auch dann nicht möglich ist, wenn etwa die Abstimmungszahlen in dem Protokoll aufgenommen sind.*“

Diese Begründung ist an sich widerspruchsvoll. In dem ersten Absatz bejaht der Senat bei ganz eindeutig aus dem Protokoll ersichtlicher Sachlage die Möglichkeit der Feststellung eines solchen zustandegekommenen, aber nicht verkündeten Beschlusses und in dem zweiten Absatz wird diese Möglichkeit rundweg verneint.

Wenn auch das Ergebnis dieser Entscheidung für die Aktiengesellschaft des HGB richtig sein dürfte, und bestimmt für diejenige des Aktiengesetzes von 1937 richtig wäre, so liegt doch der die Entscheidung rechtfertigende Grund eben darin, daß ein für das wirksame Zustandekommen eines Beschlusses bei der Aktiengesellschaft — aber nur bei dieser — erforderliches Element fehlte, nämlich die Beurkundung des Ergebnisses der Beschlußfassung (§ 259 HGB) oder in der Sprache des Aktiengesetzes von 1937 die Beurkundung der Feststellung des Vorsitzenden über die Beschlußfassung (§ 111 Abs. II Akt.-Ges.).

Diese Überlegung kann begrifflich aber nur für die Aktiengesellschaft zutreffen mit ihrem ganz bewußt formal gestalteten Ablauf des Beschlußvorgangs, nicht dagegen für die Gesellschaft mit beschränkter Haftung oder die Offene Handelsgesellschaft. Von dem Standpunkt des Senats aus war es daher auch nur konsequent und mindestens für das Aktiengesetz von 1937 unbedingt richtig, wenn der Senat in seiner weiteren Urteilsbegründung von seiner auch auf aktienrechtlichem Gebiet erlassenen Entscheidung in Band 122, Seite 107, abrückte. Man muß aber berücksichtigen, daß dieses Abrücken nicht für die auf GmbH.-rechtlichem Gebiete ergangene Entscheidung Band 80, Seite 330, ausgesprochen worden ist.

In der Literatur ist dieses Problem bisher etwas stiefmütterlich behandelt worden, obwohl es aus den aufgezeigten Gründen für die Praxis von sehr erheblicher Bedeutung sein kann. Staub [12]) bejaht die Zulässigkeit einer solchen Feststellungsklage mindestens im Sinne eines positiven Zustandekommens eines Beschlusses bei unrichtiger Feststellung der Ablehnung durch den Vorsitzenden für den Bereich der GmbH.

Desgleichen bejaht diese Auffassung auch Hachenburg in der 5. Auflage des gleichen Kommentars [13]).

Auch Brodman [14]) scheint unter Hinweis auf die Entscheidung, Band 80, Seite 330 ff., die Zulässigkeit zu bejahen.

Scholz [15]) bejaht sehr stark diese „zu begründende Rechtsprechung", welche die Zulässigkeit einer solchen mit der Anfechtungsklage verbundenen Feststellungsklage bejaht. Er fügt aber — irrig — hinzu:

> *„Freilich ist das Reichsgericht in RGZ 142/123 von dieser zu begrüßenden Rechtsprechung abgegangen."*

Irrig deshalb, weil das Reichsgericht in dieser Entscheidung sich nur mit diesem Problem im Bereiche der Aktiengesellschaft beschäftigte und nur von seiner früheren aktienrechtlichen Entscheidung, Band 122, S. 102 ff., nicht aber von seiner Entscheidung auf dem Gebiete der Gesellschaft mit beschränkter Haftung in Band 80, S. 330, abrückte!

Baumbach [16]) und Baumbach-Hueck [17]) übertragen die Bedeutung der Feststellung des Vorsitzenden für das Zustandekommen eines Beschlusses ohne nähere Begründung von dem Aktienrecht auf dasjenige der GmbH.

---

[12]) Staub, Kommentar zum Gesetz betreffend die Gesellschaft mit beschränkter Haftung, 3. Aufl., 1909, § 45, Anm. 43.

[13]) Hachenburg, Kommentar zum Gesetz betreffend die Gesellschaft mit beschränkter Haftung, 5. Aufl., 1927, Bd. 2 § 45, Anm. 43.

[14]) Brodman, Gesetz betreffend die Gesellschaft mit beschränkter Haftung, 1924, § 47, Anm. 4 S. 185.

[15]) Scholz, Kommentar zum GmbH.-Gesetz, 3. Aufl., 1951, § 45, Anm. 27.

[16]) Baumbach, Gesetz betreffend die Gesellschaft mit beschränkter Haftung, 4. Aufl., 1944, § 47, Anm. 3.

[17]) Baumbach-Hueck, Gesetz betreffend die Gesellschaft mit beschränkter Haftung, 5. Aufl., 1951, Anhang nach § 47 3 A.

Sie lehnen unter dem nicht zwingenden Hinweis auf die Entscheidung des Reichsgerichts Bd. 142, S. 123 ff., die Zulässigkeit einer solchen Feststellung ab. Vogel [18]) bejaht sie unter richtigem Hinweis auf die Entscheidung des Reichsgerichts Bd. 80, S. 330 ff.

XII

Wir hatten bereits gesehen, daß die gesellschaftlichen Mitwirkungsbefugnisse positiv gesetzlich in Gestalt des Stimmrechtsausschlusses eine Inhaltsbegrenzung erfahren haben (z. B. § 47 GmbH.-Ges. und §§ 114, Abs. I, IV, V und VI, sowie § 115 AktGes.).

Eine weitere Grenzziehung für dieses Stimmrecht und seine ausgesprochene *Bindung an den Gesellschaftszweck* ergibt sich aus der bereits behandelten Höchstrichterlichen Rechtsprechung über den Sittenverstoß von Gesellschafterbeschlüssen durch eigensüchtigen Machtmißbrauch.

Abgesehen von diesen Begrenzungs- und Inhaltsbestimmungen ist es für das Gebiet der Offenen Handelsgesellschaft und Kommanditgesellschaft sowie dasjenige der GmbH. von jeher anerkannt, daß durch den Gesellschaftsvertrag eine von dem gesetzlichen Normaltyp abweichende Regelung des Stimmrechts zulässig ist, soweit sich hieraus nicht im Einzelfall ein Verstoß gegen die guten Sitten ergibt [1]).

Die gleiche Freiheit der Gestaltung fehlt auf dem Gebiet des Aktienrechts. Maßgebend für diese Beschränkung ist aber ausschließlich die Überlegung, daß der immer mehr formal gestaltete Ablauf der gesellschaftlichen Funktion im Bereiche der Aktiengesellschaft so in seinen

---

[18]) Vogel, GmbH.-Gesetz, 1950, S. 213.

[1]) Man vergleiche *1. für das Gebiet der OHG u. KG:* Weipert: in „RGR Kommentar zum HGB", 1. Aufl. ablehnend, 2. Aufl., 1950, II. Bd., § 119, Anm. 7: zustimmend; Hueck: „Das Recht der OHG", II. Aufl., 1951, Seite 107: zustimmend; Düringer-Hachenburg: „Das HGB", II. Bd., 2. Hälfte, 3. Aufl., 1932: zustimmend; „Staub's Kommentar zum HGB", 14. Aufl., 1932, I. Bd., § 119, Anm. 3: zustimmend; *2. für das Gebiet der GmbH.:* Baumbach-Hueck: „Kommentar zum Gesetz betreffend die Gesellschaft mit beschränkter Haftung", 6. Aufl., 1953, § 47, Anm. 1 A; Hachenburg: „Kommentar zum Gesetz betreffend die Gesellschaft mit beschränkter Haftung", 5. Aufl., 1927, II. Bd., § 47, Anm. 3 und 7; Scholz: „Kommentar zum GmbH.-Gesetz", 3. Aufl., 1951, § 47, Anm. 11; Vogel: „GmbH.-Gesetz", § 47, Anm. 5; Feine: „Die Gesellschaft mit beschränkter Haftung" in Ehrenbergs Handbuch des Gesamten Handelsrechts, 1929, III. Bd., III. Abtl., S. 523.

Einzelheiten aufeinander abgestellt ist, daß hier ein gestaltender Eingriff des Gesellschafterwillens in Gestalt einer Satzungsbestimmung das Gefüge gefährden würde [2]).

Eine weitere und entscheidende inhaltliche Bestimmung dieser gesellschaftlichen Mitwirkungsbefugnisse (vor allen Dingen natürlich des Stimmrechts) ergibt sich aus dem *Zweck des Unternehmens*. Diese innere Abhängigkeit der Mitwirkungsbefugnisse von dem — vor allen Dingen durch die Gesellschaftsverträge und Satzungen bestimmten — Unternehmenszweck ist die notwendige Folge aus der Überlegung, daß diese Mitwirkungsbefugnisse den Gesellschaftern ja nur um der Förderung der Interessen der Gesellschaft selbst willen und gebunden durch die aus dem Zusammenschluß zu dieser Gesellschaft — oder dem späteren Beitritt zu dieser — folgenden Verpflichtung von dem Rechte eingeräumt worden sind.

Ein Zweifel daran, daß der Zweck einer jeden solchen Assoziationsform immer ein spezieller und konkreter ist, ja, daß eine abstrakte Gestaltung dieses Assoziationszwecks nicht nur nicht undenkbar, sondern positiv-rechtlich ausgeschlossen ist, kann überhaupt nicht bestehen. Wir finden diese Notwendigkeit, den Unternehmenszweck speziell und konkret zu gestalten, positiv-rechtlich bei jeder vorhandenen Gesellschaftstype geregelt.

Bei der Gesellschaft bürgerlichen Rechts gehört es zum Wesen dieses Zusammenschlusses, daß in diesem Zusammenschluß die Gesellschafter sich gegenseitig verpflichten, die *Erreichung eines gemeinsamen Zwecks* zu fördern (§ 705 BGB). Der konkrete Inhalt dieses gemeinsamen Zwecks wird in der gleichen Bestimmung noch dadurch betont, daß die Förderung dieses Zwecks „in der durch den Vertrag bestimmten Weise“ zu erfolgen hat. Die Bedeutung dieses gemeinsamen konkreten Zwecks für die Gesellschaft und ihr Wesen wird weiter bei der Normierung der Beendigungsgründe für die Gesellschaft bürgerlichen Rechts unterstrichen. Diese werden durch § 726 BGB dahin bestimmt, daß die Gesellschaft endigt, wenn der vereinbarte Zweck erreicht oder dessen Erreichung unmöglich geworden ist.

---

[2]) Man vergleiche Gadow-Heinichen: „Groß-Kommentar zum Aktiengesetz“, 1939, § 114, Anm. 2; Schlegelberger-Quassowski: „Aktiengesetz“, 1937, § 114, Anm. 3; Godin-Wilhelmi: „Gesetz über die Aktiengesellschaft und Kommanditgesellschaft auf Aktien“, II. Aufl., 1950, § 114, Anm. 2; Baumbach-Hueck: „Aktiengesetz“, 7. Aufl., 1951, § 114, Anm. 2 B; Teichmann-Koehler: „Aktiengesetz“, 3. Aufl., 1950, § 114, Anm. 2 a.

Die parallele Gestaltung finden wir in der anderen Grundform der Assoziation, nämlich in dem Vereinsrecht. Sowohl § 21 BGB wie auch § 22 BGB heben als Gültigkeitsvoraussetzung für die Entstehung des Vereins die Einigung über den *Vereinszweck* hervor. In § 33 BGB wird diese Bedeutung des Vereinszwecks noch dadurch unterstrichen, daß für eine Änderung des Vereinszwecks nicht die satzungsändernde Mehrheit von ¾ der erschienenen Mitglieder ausreicht, sondern daß hier die Zustimmung *aller* Vereinsmitglieder notwendig ist. Dementsprechend sieht § 57 BGB für den rechtsfähigen Verein als zwingendes Erfordernis für die Satzung — also für den Gründungsvorgang — die Festlegung des Zwecks des Vereins vor.

Ähnlich liegt es bei der positiv-rechtlichen Gestaltung der aus diesen beiden Grundtypen entwickelten Erscheinungsformen der in dem modernen Wirtschaftsrecht vorkommenden gesellschaftlichen Zusammenschlüsse: der Offenen Handelsgesellschaft, der Kommanditgesellschaft, der Gesellschaft mit beschränkter Haftung und der Aktiengesellschaft.

Bei der Wesensbestimmung der Offenen Handelsgesellschaft in § 105 Abs. 1 HGB ist gesagt, daß die Gesellschaft *zum Zweck* den Betrieb *eines* — also eines bestimmten und konkreten — Handelsgewerbes haben muß. Die gleiche Forderung ergibt sich für die OHG. durch die in § 105 Abs. II HGB ausgesprochene ergänzende Bezugnahme auf die Vorschriften über die Gesellschaft bürgerlichen Rechts und damit auf die vorstehend bereits behandelte Bestimmung des § 705 BGB. Bestätigt wird diese Absicht des Gesetzgebers bei der Gestaltung des Wettbewerbsverbotes in § 112 HGB durch die Worte: „in dem Handels*zweige* der Gesellschaft", wie auch durch die Beschränkung der Geschäftsführungsbefugnis auf die Handlungen „die der gewöhnliche Betrieb *des* Handelsgewerbes der Gesellschaft mit sich bringt" (§ 116 HGB).

Parallel ist die Gestaltung für die Kommanditgesellschaft erfolgt. Einmal durch die Bezugnahme auf die Vorschriften für die OHG. in § 163 HGB, dann aber auch z. B. durch die Ausgestaltung des Widerspruchsrechts des Kommanditisten gegenüber Geschäftsführungshandlungen des Komplementärs, das immer dann zulässig und zu beachten ist, wenn die Handlung über den gewöhnlichen Betrieb *des* Handelsgewerbes der Gesellschaft hinausgeht (§ 164 HGB).

Dieser konkrete Gesellschaftszweck wird auch in § 1 GmbH.-Ges. betont. Nach § 3 Ziff. 2 GmbH.-Ges. *muß* der „Gegenstand des Unternehmens" in der Satzung einer GmbH. festgelegt werden. Desgleichen ist nach § 61 GmbH.-Ges. die Auflösungsklage zulässig, „wenn die Erreichung des Gesellschaftszwecks unmöglich wird".

Nach § 4 AktGes. ist in der Regel die Firma der AG. „dem Gegenstand des Unternehmens" zu entnehmen. Nach § 16 Abs. III Ziff. 2 AktGes. gehört die Bestimmung des Gegenstands des Unternehmens in der Satzung zu den zwingenden Vorschriften, von deren Beachtung die Wirksamkeit des Gründungsvorgangs abhängt.

Hieraus ergibt sich zwingend, daß für das gesamte Gebiet des Assoziationsrechts von dem Gesetzgeber die Bestimmung des Gesellschaftszwecks bzw. des Gegenstands des Unternehmens als besonders wichtig und als eine Essentiale eines wirksamen Gründungsvorgangs angesehen wird. Es ist also für jede Gesellschaft zuverlässig die Ermittlung des Gesellschaftszwecks möglich. Dieser Gesellschaftszweck, also dieses Ziel, zu dessen Förderung und Erreichung der gesellschaftliche Zusammenschluß erfolgt, bildet mithin den Punkt, auf den die gesamte Betätigung der Gesellschaft ausgerichtet ist. Dieses Ziel ist aber nicht nur für die Betätigung der Gesellschaft entscheidend, sondern folgerichtig auch für die Ausübung der gesamten Mitwirkungsbefugnisse der Gesellschafter, welche diese nur um der Förderung und Erreichung dieses Zieles willen von dem Rechte eingeräumt erhalten haben.

Inhalt und Grenzen dieser gesellschaftlichen Mitwirkungsbefugnisse — also vor allen Dingen auch des Stimmrechts — bestimmen sich also danach, ob diese Ausübung der Mitwirkungsbefugnisse objektiv geeignet sein kann, der Förderung des bestimmten Gesellschaftszwecks zu dienen. Es kommt hierbei ausschließlich auf diese *objektive Eignungsmöglichkeit* an, und nicht auf die subjektive Beurteilung oder Wertung der Ausübung solcher Mitwirkungsbefugnisse durch einzelne andere Gesellschafter oder gar der Mehrheit der Gesellschafter oder auf diejenige des diese Mitwirkungsbefugnisse ausübenden Gesellschafters. Denn das Wesen des Mehrheitsbeschlusses liegt gerade darin, daß innerhalb dieser durch die objektive Geeignetheit für die Zweckförderung des Gesellschaftsziels bestimmten und bestimmbaren Grenzen die Willensbildung der Gesellschaft frei durch den Mehrheitsbeschluß der Gesellschafter gestaltet wird.

Wenn der durch die Satzung oder den Gesellschaftsvertrag erfolgten Festlegung des Gesellschaftszwecks entscheidende Bedeutung für die Inhaltsbestimmung und Abgrenzung der einzelnen Mitwirkungsbefugnisse der Gesellschafter zukommt, so darf man insbesondere für diejenigen Gesellschaftstypen, denen durch das Gesetz eine weitgehende Freiheit für die Gestaltung ihrer Verhältnisse eingeräumt ist — also für die OHG., die KG. und die GmbH. — die tatsächliche Entwicklung der gesellschaftlichen Dinge und ihren gegebenen Zustand seit der Fixierung dieser Bestimmung des Gesellschaftsvertrages oder der Satzung nicht außer Betracht lassen.

Der aus der Entwicklung folgende, ständig hingenommene oder anerkannte tatsächliche Zustand ist geeignet, zwischen den Gesellschaftern Recht zu schaffen und bestehendes Recht zu beeinflussen und zu ändern. Man braucht hierbei nicht einmal an das von Jellinek geprägte und viel mißbrauchte Wort von der „normativen Kraft des Faktischen" zu denken. Es ist bei der schuldrechtlichen Natur einer solchen gesellschaftlichen Bindung außer Frage, daß ein ständiges Hinnehmen und eine ständige Anerkennung eines solchen Zustandes die gesellschaftliche Bindung der Gesellschafter zu beeinflussen geeignet ist.

Es ist unzweifelhaft, daß ein solcher tatsächlicher Zustand ebenso wie die Fixierung des Gesellschaftszwecks in der Satzung oder in dem Gesellschaftsvertrage objektiv feststellbar und demnach auch für die Inhaltsbestimmung und Abgrenzung der gesellschaftlichen Mitwirkungsbefugnisse exakt verwendbar ist.

Man denke nur einmal an das Beispiel, daß eine GmbH. ohne eine entsprechende positive Satzungsbestimmung in ständiger Übung, abweichend von der Bestimmung des § 29 GmbH.-Ges. von dem erzielten Reingewinn Jahr für Jahr 10% zur Bildung von Reserven zurückstellt. Bei dieser Sachlage würde die Ablehnung des Verlangens eines Gesellschafters, von dieser ständigen Übung abzusehen, nicht die Anfechtung dieses Beschlusses wegen Verletzung des § 29 GmbH.-Ges. rechtfertigen.

Diese Abstellung auf die objektive Eignungsmöglichkeit der ausgeübten gesellschaftlichen Mitwirkungsbefugnis für die Förderung des Gesellschaftszwecks ist ganz anders geeignet, eine exakte Inhaltsbestimmung und Grenzziehung für dieses Recht zu ermöglichen, als der Versuch, eine solche aus der subjektiven Vorstellung über eine inhaltlich nicht bestimmbare und nicht exakt abgrenzbare Treuepflicht herzuleiten. Denn diese objektive Eignungsmöglichkeit kann tatbestandsmäßig objektiv festgestellt und nachgeprüft werden.

Die subjektive Absicht des eine solche Mitwirkungsbefugnis ausübenden Beteiligten ist für diese Inhaltsbestimmung und Abgrenzung dieses Rechts unerheblich. Denn innerhalb dieser Inhalts- und Abgrenzungsbestimmung ist diese Ausübung der eigenen Ansicht und Beurteilung der

Beteiligten ihrem freien Willensentschluß überlassen. Diese subjektive Absicht der Beteiligten kann lediglich bei der Prüfung der Frage Bedeutung erlangen, ob hier in dem Sinne der behandelten Rechtsprechung ein ausgesprochener Mißbrauch der Ausübung einer an sich gegebenen Berechtigung, also ein Verstoß gegen die guten Sitten (§ 138 BGB) vorliegt.

XIII

Dieser aufgezeichnete Weg, aus exakt faßbaren und objektiv nachprüfbaren Tatbeständen eine Inhaltsbestimmung und Abgrenzung der gesellschaftlichen Mitwirkungsbefugnisse und insbesondere des Stimmrechts zu ermöglichen, erweist seine Brauchbarkeit beispielsweise auch dann, wenn die Gesellschaft, innerhalb deren diese Mitwirkungsbefugnis ausgeübt wird, nicht isoliert existiert, sondern die Selbständigkeit wirtschaftlicher Bestimmung ihrer Belange durch Eingliederung in einen Konzern eingebüßt hat.

Dieses Problem bereitet dann keine Schwierigkeit, wenn das beherrschte Unternehmen sich voll in der Hand des beherrschenden befindet. Wenn also z. B. alle Geschäftsanteile oder alle Aktien des beherrschten Unternehmens sich in der Hand des beherrschenden Unternehmens befinden. Denn dann erfolgt der entsprechende Willensbildungsvorgang innerhalb des beherrschten Unternehmens im Wege eines einstimmigen Beschlusses, also auch mit der aus dieser Einstimmigkeit folgenden Kraft.

Eine solche totale Beherrschung bildet aber erfahrungsgemäß bei der Konzernbildung durchaus nicht die Regel. Zur Entstehung einer solchen konzernmäßigen Abhängigkeit, wie sie durch die einheitliche Leitung zu wirtschaftlichen Zwecken (§ 15 Abs. I AktGes.) begründet wird, oder wie sie schon durch den unmittelbaren oder mittelbaren beherrschenden Einfluß eines Unternehmens auf ein anderes entsteht (§ 15 Abs. II AktGes.) reicht in der Regel eine weit geringere Beteiligung aus. Ein solcher beherrschender Einfluß kann bei der Vielzahl der sich an dem gesellschaftlichen Leben der Aktiengesellschaft in der Regel überhaupt nicht beteiligenden Publikumsaktionäre häufig schon durch den Erwerb einer Minderheitsbeteiligung entstehen [1]).

---

[1]) Die Konzerneigenschaft ist — wie hier nur der Klarheit wegen hervorgehoben werden soll — weder von der Rechtsform des beherrschenden noch von derjenigen des beherrschten Unternehmens abhängig.

Es entspricht auch der Eigenart dieser Konzentrationserscheinung in Gestalt der Konzernbildung, daß dieser Vorgang als solcher durchaus nicht immer positiv und äußerlich kenntlich zum Ausdruck gebracht wird. Diese Konzernbildung kann sich demnach vollziehen, ohne daß alle Gesellschafter des beherrschten Unternehmens sich dieses Vorgangs auch nur bewußt werden [2]).

Ist eine solche Konzernbildung in der Weise vonstatten gegangen, daß eine totale gesellschaftliche Beherrschung des beherrschten Unternehmens nicht vorliegt, dann taucht typisch die Möglichkeit eines Interessengegensatzes zwischen dem beherrschten und dem beherrschenden Unternehmen auf. Der Geschäftsablauf des beherrschten Unternehmens unterliegt dann nicht selten einer völlig verschiedenen Bewertung und Beurteilung, je nach dem, ob man sie von dem Standpunkt und den Interessen des Konzerns oder von denjenigen des beherrschten Unternehmens aus vornimmt. Den Interessen des Konzerns kann eine mehr oder weniger erhebliche Schwächung — und damit Schädigung — der Interessen des beherrschten Unternehmens dienlich sein, während die Interessen des beherrschten Unternehmens lediglich durch den satzungs- oder gesellschaftsvertragsmäßig umrissenen Aufgabenkreis des eigenen Unternehmens bestimmt werden.

Bei einem solchen Fall sich überschneidender gesellschaftlicher Interessen versagt für die Lösung des Problems der Treuepflichtgedanke völlig. Die Interessengebundenheit des die einheitliche wirtschaftliche Leitung repräsentierenden Mehrheitsgesellschafters des beherrschten Unternehmens liegt ja in der Regel in doppelter Richtung vor, einmal zu dem beherrschenden Unternehmen und zum anderen zu dem beherrschten Unternehmen. Ganz deutlich wird dies bei den „gleichgewichtigen Konzernen" [3]) offenbar, bei denen die Konzernmitglieder gewissermaßen als mitbestimmende Gesellschafter des Konzerngebildes einander gegenüberstehen. Welche Treuepflicht verdient bei einer solchen Situation gegenüber der anderen den Vorzug?

---

[2]) Man vergleiche z. B.: Baumbach-Hueck: „Aktiengesetz", 7. Aufl., 1951, § 15, Anm. II D; Godin-Wilhelmi: „Gesetz über die Aktiengesellschaften und die Kommanditgesellschaft auf Aktien", II. Aufl. 1950, § 15, Anm. 9 ff.; „Großkommentar zum Aktiengesetz" von Gadow-Heinichen, § 15, Anm. 4; Teichmann-Koehler: „Aktiengesetz", § 15, Anm. 2; Schlegelberger-Quassowski: „Aktiengesetz", § 15, Anm. 10 ff.; Ritter: „Aktiengesetz", 1939, Anm. 4.

[3]) u. [4]) Über die Struktur der „gleichgewichtigen Konzerne" und der „hegemonialen Konzerne" vgl. Huber: „Wirtschafts-Verwaltungsrecht", 2. Aufl., 1953, Bd. I, S. 421 ff.

Die Tatsache, daß ein Unternehmen — z. B. durch die Veräußerung eines bestimmenden Anteils seiner Geschäftsanteile oder seines Aktienbestandes — Teil eines Konzerns wird, kann den satzungsmäßigen (und auch zustandsmäßigen) Zweck dieses Unternehmens nicht berühren. Denn dieser Vorgang der „Konzernwerdung" vollzieht sich ja, von Ausnahmefällen abgesehen, durch die Veräußerung von Geschäftsanteilen oder Aktien von seiten eines Gesellschafters des betroffenen Unternehmens an einen Dritten, z. B. an das den Konzern beherrschende Unternehmen — (hegemonialer Konzern) [4]), oder an ein oder mehrere Mitglieder des „gleichgewichtigen Konzerns". Von diesem Inhaberwechsel der Beteiligung an dem nunmehr konzernmäßig gebundenen Unternehmen werden grundsätzlich weder die übrigen Gesellschafter des beherrschten Unternehmens noch dieses selbst berührt.

Dieser Vorgang des Inhaberwechsels hinsichtlich der Beteiligung vermag sich daher auf die ursprüngliche Zielsetzung des Unternehmens, seinen Gegenstand und Zweck, nicht auszuwirken, weil ja eine solche Gegenstands- oder Zweckänderung begrifflich einen entsprechenden auf eine solche Änderung gerichteten Willensbildungsvorgang innerhalb der betroffenen oder beherrschten Gesellschaft einen wirksamen Gesellschafterbeschluß voraussetzt. Ein solcher Willensbildungsvorgang liegt aber in der Veräußerung einer solchen Beteiligung überhaupt nicht.

Durch das Fortbestehen des ursprünglichen Gesellschaftszwecks, des Gegenstands des Unternehmens, bleibt auch die Inhaltsbestimmung und Begrenzung für die Stimmrechte aus den veräußerten Geschäftsanteilen oder Aktien unverändert aufrecht erhalten. Die Ausübung des Stimmrechts aus dieser veräußerten Beteiligung durch den neuen Inhaber, nunmehr nach den Interessen des Konzerns und entgegen den Interessen der eigenen Gesellschaft und entgegen der aus dem eigenen Gesellschaftszweck abgeleiteten Inhaltsbestimmung, stellt nicht mehr die Ausübung eines um der Förderung des Gesellschaftszweckes willen existierenden Mitwirkungsbefugnis dar. Eine solche Willensäußerung des Gesellschafters erscheint nur äußerlich als Stimmabgabe, sie ist in Wirklichkeit eine gesellschaftsfremde und gesellschaftsfeindliche Handlung. Eine solche Stimmabgabe hat daher bei der Abwägung der wirksam abgegebenen Stimmen anläßlich eines solchen Gesellschafterbeschlusses außer Betracht zu bleiben.

In der Literatur und Rechtsprechung ist dieses Problem, wie überhaupt das Konzernrecht, im wesentlichen noch nicht klar entwickelt. Meist hat die klare Durchdenkung darunter gelitten, daß die hier notwendige klare Trennung zwischen Kartellen und Konzernen nicht durchgeführt wurde [5]). Ein weiterer Gesichtspunkt, der eine grundsätzliche Klärung dieses Fragenkomplexes verhindert hat, liegt in den Bestimmungen der §§ 101 und vielleicht 197 AktGes. In dem § 101 AktGes. insbesondere hat der Gesetzgeber einen Sondertatbestand für die Entstehung von Schadensersatzansprüchen aus einer unzulässigen Einflußnahme auf die Aktiengesellschaft und ihre Organe gestaltet, soweit hierdurch für den Einflußnehmenden oder einen Dritten der Zweck der Erreichung von Sondervorteilen verfolgt wird. Diese wenig glückliche gesetzliche Gestaltung sieht vor, daß diese Ersatzpflicht — aber nur diese *Ersatzpflicht* — entfällt, wenn der Einfluß ausgeübt wird, um einen Vorteil zu erlangen, der „schutzwürdigen Belangen" dient (§ 101 Abs. III AktGes.), oder wenn gesellschaftsfremde Sondervorteile durch Stimmrechtsausübung verfolgt werden (§ 101 Abs. I AktGes.).

Diese negative Begrenzung, ausschließlich des Schadensersatzanspruches, hat aber nicht das geringste damit zu tun, daß der Gesetzgeber *jede* solcher Einflußnahmen außerhalb der zulässigen gesellschaftlichen Mitwirkungsbefugnisse *mißbilligt,* selbst wenn er mit Rücksicht auf die vorhandenen Interessengegensätze und -konflikte nicht an jede dieser gemißbilligten Einflußnahme die Schadensersatzfolge knüpft. Hierauf hat bereits Müller-Erzbach mit Recht hingewiesen [6]). Müller-Erzbach bejaht daher auch positiv die ausschließliche Abhängigkeit des Stimmrechts und seiner Grenzen innerhalb einer solchen beherrschten Konzerngesellschaft von den Interessen bzw. dem Zweck dieser beherrschten Konzerngesellschaft, wenn er hierzu ausführt [7]):

> *„Die Belange eines anderen Verbandes können vielmehr für die Gültigkeit der Beschlußfassung einer Aktiengesellschaft nur soweit in Betracht kommen, wie sie sich mit denen der Gesellschaft*

---

[5]) Man vergl. Haußmann: „Grundlegung des Rechtes der Unternehmenszusammenfassung", 1926, S. 147, der ausgehend von den Kartellen der Auslegung der vertraglichen Gestaltung auch im Hinblick auf § 242 BGB und verwandte rechtliche Grundvorstellungen eine erhebliche Bedeutung beimißt, ähnlich etwa Isay in Isay-Tschiersky: „Kartellverordnung", § 8, S. 229 und Friedländer: „Die Rechtspraxis der Kartelle und Konzerne in Europa", 1938, S. 47, sowie ohne eigentliche Begründung Rosendorff: „Die rechtliche Organisation der Konzerne", 1927, S. 122.

[6]) Müller-Erzbach: „Das private Recht der Mitgliedschaft als Prüfstein eines kausalen Rechtsdenkens", 1948, S. 88 unten.

[7]) Müller-Erzbach a. a. O., S. 89.

decken, m. a. W. bloß insoweit wie zwischen dem Verband und der Gesellschaft eine Interessengemeinschaft besteht.“

In der aktienrechtlichen Literatur wird diese Frage fast ausschließlich unter dem Gesichtspunkt der Begrenzung der aus § 101 AktGes. folgenden *Schadenersatzansprüche* behandelt und regelmäßig nur untersucht, inwieweit *in diesem Sinne* das dem Interesse des beherrschten Unternehmens entgegenstehende Interesse des beherrschenden Unternehmens oder dasjenige des Gesamtkonzerns als „schutzwürdige Belange“ im Sinne des § 101 AktGes. anzusehen sind [8]).

Eine andere Lösung dieses Problems scheint auch nicht tragbar. Die beherrschte Gesellschaft und die an ihr beteiligten Minderheitsgesellschafter werden von den der Gesellschaft und den Mehrheitsgesellschaftern fremden Interessen des Konzerns bzw. der übrigen Konzerngesellschaften nicht berührt. Es liegen zwei sich unter Umständen überschneidende, ja vielleicht einander entgegengesetzte Interessenkreise vor. Die Majoritätsgewalt der Mehrheitsgesellschafter kann im Wege des Mehrheitsbeschlusses für die beherrschte Konzerngesellschaft die Gestaltung der Dinge nur innerhalb des Interessenkreises der eigenen Gesellschaft bestimmen. Ihre auf dem Mehrheitsbeschluß beruhende Bestimmungsgewalt findet aber ihre Grenze dort, wo der Interessenkreis der eigenen Gesellschaft endet. Die Unterordnung dieses Interessenkreises der eigenen Gesellschaft und damit des Zweckes und Gegenstandes des Unternehmens unter den doch gesellschaftsfremden des Konzerns liegt außerhalb des Bestimmungsrechts und der Bestimmungsmacht der Majorität.

---

[8]) Ritter: „Aktiengesetz“, 1939, § 101, Anm. 5; Schlegelberger-Quassowsky: „Aktiengesetz“, 3. Aufl., 1939, § 101, Anm. 3 und 10; „Großkommentar zum Aktiengesetz“ von Gadow-Heinichen, 1939, § 101, Anm. 8; Teichmann-Koehler: „Aktiengesetz“, 3. Aufl. 1950, § 101, Anm. 2 g; Godin-Wilhelmi: „Aktiengesetz“, 2. Aufl. 1950, § 101, Anm. 6; Baumbach-Hueck: „Aktiengesetz“, 7. Aufl. 1951, § 101, Anm. 4, mit betontem Hinweis auf das wiedergegebene Zitat von Müller-Erzbach.

Papier | Fördert gute Waldnutzung
FSC® C083411

Kolibri 360 GmbH
Ferdinand-Jühlke-Straße 7
99095 Erfurt, Deutschland
produktsicherheit@kolibri360.de